U0526118

新经济，
新规则

（修订版）

New Rules for the New Economy

[美] 凯文·凯利 (Kevin Kelly) 著
刘仲涛 康欣叶 侯煜 译

电子工业出版社
Publishing House of Electronics Industry
北京·BEIJING

Copyright:©1998 by Kevin Kelly. All rights reserved.

本书简体字授权予电子工业出版社独家出版发行。未经书面许可，不得以任何方式抄袭、复制或节录本书中的任何内容。

版权贸易合同登记号 图字：01-2014-3365

图书在版编目（CIP）数据

新经济，新规则 /（美）凯文·凯利（Kevin Kelly）著；刘仲涛，康欣叶，侯煜译. -- 修订本. -- 北京：电子工业出版社，2024.7
书名原文：New Rules for the New Economy
ISBN 978-7-121-47298-5

Ⅰ.①新… Ⅱ.①凯… ②刘… ③康… ④侯… Ⅲ.①世界经济－通俗读物 Ⅳ.① F11-49

中国国家版本馆CIP数据核字（2024）第039577号

书　　　名：**新经济，新规则（修订版）**
作　　　者：[美] 凯文·凯利（Kevin Kelly）著　刘仲涛　康欣叶　侯煜　译
责任编辑：胡　南
印　　　刷：三河市鑫金马印装有限公司
装　　　订：三河市鑫金马印装有限公司
出版发行：电子工业出版社
　　　　　北京市海淀区万寿路173信箱　邮编 100036
开　　　本：720×1000　1/16　印张：16.5　字数：164千字
版　　　次：2014年6月第1版
　　　　　2024年7月第2版
印　　　次：2024年7月第1次印刷
定　　　价：79.00元

凡所购买电子工业出版社图书有缺损问题，请向购买书店调换。若书店售缺，请与本社发行部联系，联系及邮购电话：(010) 88254888，88258888。
质量投诉请发邮件至zlts@phei.com.cn，盗版侵权举报请发邮件至dbqq@phei.com.cn。
本书咨询联系方式：010-88254210，influence@phei.com.cn，微信号：yingxianglibook。

前言
新经济降临

　　没有人能逃离机器改变世界的烈焰。科技,原本是文化的副产品,现在不但渗入我们的思想,还渗透到我们日常生活的方方面面。科技会引发强烈的痴迷、恐惧和愤怒,这一点难道还有必要怀疑吗?

　　生活中我们所关心的事物逐一被科技影响并改变。高科技影响了人们的思想、交流及表达方式,甚至影响了生活本身。随着复杂的高科技融入社会的方方面面,旧的秩序被颠覆,新的秩序得以建立。在这翻天覆地的变化面前,曾经信心十足的人们变得迷茫而绝望,那些聪明人却看到了新的机遇与胜利的曙光。

　　然而,就在飞速发展的科技革命占据所有新闻头条时,一个更庞大的趋势正在科技大潮下涌动着。新的经济秩序逐渐显现出来,稳定地推动着技术前进。技术不断推陈出新，争奇斗艳，财富的地图被我们手中的工具重新绘制。我们正进入一个新经济世界：在这里，计算机体积越来越小，而通信交流则不断增多。

  新经济降临的一大表现是引发整个人类社会结构的剧变，这比以往数字硬件的革命还要猛烈。在新的经济秩序里机遇与陷阱并存。以往的经济变革中值得借鉴的经验是：遵循新规则的人会发达起来，忽视它的人则会一无所获。我们的世界正向一个崭新的高度科技化的全球经济体转型，在这个过程中必然有很多人要经历焦虑和失落，抑或兴奋和喜悦，而我们刚刚看到一个开端，大幕即将拉开。

  新经济有三个显著属性：首先它是全球化的；其次它注重无形的事物，如观点、信息、关系等；最后它还紧密地互相联结。新经济的这三个属性催生了新的市场定位和社会形态，那将是一个深深植根于无处不在的网络的社会。

  网络存在于每个经济形态里。与以往不同的是，现在的网络得到技术的强化，深深地渗透到我们生活的每个角落。网络已经成为我们的核心话题，思想和经济活动都围绕着它。只有了解并掌握网络的独特理念，我们才能在正在发生的经济改革大潮中获益。

《新经济，新规则》一书阐述了萌芽中的新经济秩序的十大重要准则。这些准则都是这一新领域的基本原理，适用于一切企业和行业，不局限于高科技行业。本书所概括的准则应被视为基本守则。

同其他的基本守则一样，新经济的准则也不是永远灵验的。但是，它们可以像灯塔一样为我们指明大方向，揭示隐藏在事物背后的力量，这种力量会持续发挥作用，一直延续到21世纪上半叶。这十大准则的出现不是为了追逐一时的商业热潮，而是在揭示我们当下新经济环境形成的基本规律。

本书的一个重要前提是统领软世界（如无形的、媒体的、软件的、服务的世界）的基本准则将迅速地统治硬世界（如现实的、物质的、钢铁石油及艰苦劳动的世界）。钢铁和木材的生产将会遵循软件生产的规律，汽车的使用将会遵循网络的原理，甚至烟囱都逃不过知识准则。如果你想去探究你所处行业的未来，就把它想象成一个完全围绕软世界而建立的商业世界，即使目前它仍建立在硬世界的基础之上。

诚然，在生活中不动用真实的能量，仅凭动动鼠标无法改变现实空间中的原子——这为软世界渗入硬世界设下了一定的限度。但是，现实生活无时无刻不显示出：我们生活的硬世界正在被不可逆地"软化"。只要搭上这次变革的顺风车，你就可以抢占先机。想要站在时代前沿，就必须懂得软世界是如何运作的——网络是如何发展壮大的，交互界面是如何聚焦人们注意力的，社会的多样化是如何推动价值的，之后将这些原理应用于硬世界。

无形贸易的制胜秘诀将变成你的制胜秘诀。

新经济运作于无形事物之间，如信息、关系、版权、娱乐、证券及相关的衍生物。美国经济正渐渐地朝着这些无形的事物转型。仅在1992年到 1997 年的 6 年时间中，美国最畅销的出口商品每美元价值的物理重量下降了 50%。由计算机、娱乐和通信所构成的虚拟世界现在已经比任何一个产业（如建筑、食品及汽车制造业）昔日的巨头都要庞大。这个以信息为基础的新兴行业已经占据了美国经济总量的 15%[1]。

然而，数位符号、股票期权、版权和品牌都不具有可衡量的经济形态。那么，软件的单位是什么？软盘数量？代码行数？程序个数？功能多寡？经济学家对此感到十分困惑。花旗银行前主席瓦尔特·里斯顿（Walter Wriston）喜欢"吐槽"美国联邦政府的经济学家，称他们连每年雇佣多少左撇子牛仔都了解得清清楚楚，却对有多少软件正在被使用一无所知。当我们的经济列车驶向一片未知的领域时，仪表盘的指针疯狂旋转，指示灯不停闪烁。这一切只有两种解释：要么我们的经济列车的仪表全部失灵，要么我们所在的世界正在被彻底颠覆。

还记得通用汽车公司吗？在 20 世纪 50 年代，通用汽车公司是一个

---

[1] 2021 年，信息行业占美国经济总量的 43.2%。

令所有商业记者疯狂的公司。它曾是工业进步的典范，不仅制造了汽车，也"创造"了美国。通用汽车公司曾是这个世界上最富有的公司，对许多精明的观察家来说，通用汽车公司代表着商业的未来。它体量巨大，且当时崇尚体量越大越好。它曾是一个稳定且充满人情味的公司，倡导终身聘用制。这个庞大"帝国"的每个部门都在其严格掌控之中，在保证质量的同时确保高收益。通用汽车公司曾是最棒的公司，当时的学者在展望未来40年的场景时，认为未来所有成功的公司都应该像通用汽车公司一样。

极具讽刺意味的是，当未来真正来临时，通用汽车公司已经成了反面典型。21世纪初，如果你的公司和通用汽车公司一样，那就意味着你将碰到大麻烦。21世纪初的学者都在推崇微软。微软是时代的榜样，它是世界上最具价值的公司，它生产无形的产品，重新定义标准的概念。天价的股票估值反映出全新的生产力。因此，当我们再次展望未来时，会说：在未来的40年中，所有的公司都应该像微软一样。

但历史会证明这是一个糟糕的预言。它很明确地告诉我们：我们总习惯于用当今最炫的科技来预测未来。现在，软件公司和娱乐公司拥有高额的利润，我们便因此认为它们是时代的典范。美国加州大学伯克利分校的经济学家布拉德·德隆（Brad DeLong）有一个关于经济史的浅显易懂的理论：经济的各个分支会像电影明星一样经历坎坷沉浮。美国经济史上的"英雄"行业层出不穷。它们刚开始默默无闻，之后创造出经济奇迹，甚至拯救整个美国经济，成为经济明星。在20世纪初，汽车工业就曾是这样的"英雄"，不断涌现惊人的创新，许多汽车公司应运而生，生产力扶摇直上。那真是一个激动人心、令人着迷的年代。然而，随着英雄主义的光环渐渐褪去，很多汽车公司虽有高额的利润，却也变得庞大、臃肿又单调枯燥。根据德隆的理论，新出现的"救世主"将会是信息、通信和娱乐行业的复合体。今天，软件和通信行业的生意最红火，它们像变戏法一样进行一次又一次的创新，取得一次又一次的成功，上演一幕又一幕的经济奇迹，我们不禁要为它们欢呼：计算机万岁！

在德隆眼中，英雄行业有许多共同之处。微软确实是21世纪初期的英雄，但这并不意味着所有公司都要追随它的步伐，把知识产权复制到光盘上，来换取90%的利润。毫无疑问，很多公司没有效仿微软。这世上总得有人去修理堵塞的抽水马桶，去盖房子，去开卡车，去送牛奶。

我曾任《连线》杂志的编辑一职，该媒体即使作为数字革命（digital revolution）的代言人，也没有办法实现无形公司的设想。《连线》杂志社地处旧城区的城中心，它一年内会把800万磅（1磅=0.45359千克，相当于48个车皮）的干木浆和33万磅的各色油墨变成一本本实实在在的杂志。这一过程牵扯到成千上万的现实原子。

所以，我们如何能够断言，世界上所有的工商业都会由于硅芯片、光纤和光谱技术的进步而改变面貌呢？是什么让这些技术革新变得如此不凡？为什么当下的商业英雄会比刚刚引退的前辈更了不起呢？

归根结底，数字科技和媒体最终都是为通信服务的。通信已经不再是经济的一小部分。通信就是经济。

计算机已经不再是时代的先锋了，计算机的时代已经成为过去。关于单机时代的一切想象都已变成现实。它加速了我们的生活，以超乎寻常的速度处理文字、数字和图像，但它能做到的也仅此而已。

新经济是关于通信的经济，更加深刻，更加广泛。本书提到的所有变革都源于我们正在进行的通信变革的方式。通信是社会、文化、人性、自我认知及所有经济体系的基础。这也是网络如此重要的原因。通信与文化、社会息息相关，也正因如此，看似针对通信的技术变革，其效用却已经远远超出了产业变革的范畴。通信和它的盟友——计算机，在经济史上是特例，这并不是因为它们恰好是整个时代最时尚的领军行业，而是因为它们从文化、技术和观念上都深深地撼动了我们生活的根基。

能够催化其他技术革新的技术，如同集成电路芯片一样，我们称之为"激活技术"（enabling technologies）。同样，有时候某个经济领域的发展会撬动其他领域的加速发展，我们称其为"激活领域"（enabling sectors）。计算机芯片和通信网络的发明就催生出这样一个经济领域，它能够颠覆其他所有的经济领域。

曾经，只有少数人从事金融行业的工作。但自从威尼斯银行家出现之后，诸如抵押、保险、风险投资、股票、支票、信用卡、互助基金等金融创新彻底地改变了我们的经济。这些金融创新促使公司崛起、市场资本出现、工业时代的到来，还有许多其他的变化。不同于以往的电力和化工等英雄行业，这个小小的领域影响到生意怎么做、日子怎么过。

金融发明的影响力巨大，网络发明的影响力将会更大。

单细胞生物在地球上经历了几十亿年的进化过程。又过了几十亿年，细胞与周围的细胞相互接触，从而形成了活的球形有机体，单细胞生物才进化为多细胞生物。在最初的时候，球形是多细胞生命能够生存的唯一形状，因为细胞之间只有相互接近才能互相协调功能。又过了十亿年，生命终于进化出了第一个神经元细胞，它是一种纤细的条状组织，能够使两个细胞即使相隔一段距离仍能够通信。正是这项激活创新的诞生，使各种各样的生命开始繁荣发展。有了神经元，生命不再局限于球状。细胞可以呈现任何形状、大小和功能。蝴蝶、兰花和袋鼠，各式各样的生命形态都变成了可能。生命瞬间拓展出了成千上万种可能性，繁荣到令人惊叹，直到美妙的生命无处不在。

  接入了宽带信道的硅芯片就是我们文化的神经元。在这之前，我们的经济一直处于多细胞阶段。在工业时代，每个客户或公司都要互相面对面地接触。我们的企业和组织就像一个球形生命。而现在，硅和光纤神经元的出现激活了成千上万种可能。"轰隆"一声，一系列具有新形式、新规模的社会组织应运而生。难以想象的种类繁多的新商业模式融入新经济之中。我们即将目睹一场建立在关系和技术基础上的实体经济大爆炸，其种类繁多绝不亚于地球上早期的生命形式。

在不久的将来，很少有公司会像微软甚至《连线》杂志在一样，古老的形式终会被改变。耕作、运输、水暖作业等传统工种仍会存在，就像单细胞生命依然存在于这个世界上一样。但是，农民的经济和朋友间的经济会以它们各自的形式服从网络的逻辑，正如微软现在所做的事情。

我们已经看到了网络世界的迹象。一个美国农民，曾经的农业时代的英雄，现在坐在拖拉机上的移动办公室里，里面有空调、电话、GPS卫星定位设备，以及地表上各种各样复杂的传感器。在他的家中，计算机连着网络，源源不断地接收气象信息、世界粮食市场行情、他的银行账目、土壤湿度、数字地图，以及他自己的资金流动报表。不错，他要亲自下地干活，但是他的主要劳动都发生在网络经济的世界里。

卡车司机的情况也大致如此。虽然他依然要手握方向盘开车，但新的送货工具，如条形码、无线电、调度系统、路线中心甚至道路本身，都遵循着网络的逻辑。因此，卡车司机挥汗如雨装卸货物的劳动也加入了网络经济之中。

我们的经济融合了各式各样的贸易、商品和社会交换。新经济功能是在旧经济运行的基础上发展起来的。作为最早的交易形式，实物交易并没有消失。实物交易从农耕时代、工业时代一直到今天，仍在运行。其实如今在互联网上，进行最多的还是实物交易，甚至在今后的几十年，经济运作中很大一部分仍然是在工业层面进行的——机器生产商品，运送原料。旧的经济形态仍然会存在，它在新经济的核心深处运行，并且盈利。

然而，工业时代的惯性会继续催眠我们。1990年至1996年，有形商品（那些掉下来能够砸到脚的东西）制造业的从业人数减少了1%，服务行业（无形商品）的从业人数增加了15%。目前美国只有18%的雇员从事制造业。但与此同时，这18%的雇员中，有3/4实际上是在从事与网络经济相关的工作。他们不是在推动原子，而是在推动数字，如公司里的会计、研究人员、设计师、市场营销人员、律师和那些坐在办公桌后的人。在茫茫劳动大军中，只有很少的一部分仍在从事工业时代的工作。但是我们的政策、媒体、资本和教育都在为能够持续创造工业时代的岗位而不断努力着。在一代人之后，最多两代人，从事老成守常的制造业的人数将不会多于如今在田间劳动的农民人数——只不过几个百分点。网络经济会将我们每个人卷入其中，超出我们的想象。

只要芯片、光纤和无线电波的世界还在运转，一切都会顺利运转。

在历史的滚滚车轮面前，这大胆的断言似乎显得有点天真。但在历史的进程中，每隔一段时间，总会出现一些伟大的新事物。当初手工作坊的工人一定就是这样想的：他们感觉到工业时代的来临并不仅限于出现新的织布机，还预示着一场深远而又系统的变革，生活将从此变得不同。那时的人们认为，机器的出现最终会彻底改变播种、收获、放牛、挤奶等这些古老而神圣的劳动方式，甚至会改变人际交往方式与社区的结构。现在我们再审视过往的历史，他们的想象真的很天真吗？

当代计算机芯片的发明人之一卡佛·米德（Carver Mead）曾说过："我们应该听听技术的话，去探寻它试图告诉我们的信息。"顺着这样一个线索，我在总结经验准则的时候，提出了这样几个问题：工具是如何改变我们的命运的？这些新技术将会指引我们走向怎样的新经济模式？

滚烫的钢水、喷涌的石油、林立的烟囱、鳞次栉比的工厂，甚至那小小的种子、吃草的奶牛，这一切都统统被裹挟进了由智能芯片和宽带网络构成的世界中。它们最终都会像其他一切事物一样服从于新经济模式下的新规则。我试图聆听并解构技术带给我们的启示，到目前为止，技术反复印证着十条存在于网络世界的基本生存准则，我将在接下来的十章内容中为大家一一呈现。

目录

01 拥抱集群：去中心化的力量 001

02 回报递增：胜利连着胜利 023

03 普及，而非稀有：丰富产生的价值 045

04 追随免费之道：唯有慷慨才能在网络中胜出 061

05 优先发展网络：网络繁荣带来成员繁荣 083

06 不要在巅峰逗留：成功之后，回退 107

07 从地点到空间：制造巨大的差异 123

08 和谐不再，乱流涌现：找寻失衡状态中的持续性 143

09 关系技术：始于技术，成于信任 157

10 机遇优于效率：与其解决问题，不如寻求机遇 189

结语　财富无处不在 213

新经济中的新规则 221

致谢 225

参考书目 227

网站 241

01

拥抱集群：
去中心化的力量

在浩渺空间中独自旋转的原子是20世纪的象征，人们用它来比喻茫茫人海中的每一个个体。原子的辉煌年代已经过去，网络是21世纪人类的信仰。网络不存在中心，不存在既定轨道，没有什么是一成不变的。错综复杂的网络是一个包罗万象的世界原型，囊括了所有的电子科技和文明成果，揭示了万物之间相互依存的关系，涵盖了关于经济、社会及生态的各类事务，涉及关于沟通、民主政治和家庭事务等庞大的系统，几乎在一切我们感兴趣且意义重大的话题中都可以看到网络的身影。如果说原子代表简洁精巧，那么网络向我们展示了世界的错综复杂。

网络即未来。

在我们人类所有的文明成果当中，最伟大的发明莫过于覆盖了整个地球的网络。我们的生活、思想和人工产品都在不断地融入网络之中。这项伟大的工程已进行了数十年，而近几年诞生的两项崭新科技成果——硅芯片和光纤使我们连接世界的进程大大加快。它们以令人难以置信的速度融合在一起，就像回旋加速器中的粒子碰撞一样，爆发出一股前所未见的力量——无所不在的网络力量。这巨大的网络正像出巢的蜂群一样，疯狂地延展，渐渐地覆盖了整个地球。我们正在以这样的方式为地球披上一件网络社会的新衣。

我们的社会机制，特别是新经济机制，将逐渐服从于网络的逻辑。了解网络的运行方式将会是理解新经济运作的关键。

任何网络都有两个要素——节点和连接。在这逐渐成形的网络中，节点正变得越来越小，而它们之间的连接越来越多，越来越强。硅芯片上的微观世界和网络连接所形成的宏观宇宙，这两大物理领域共同构成了新经济理念交流激荡的母体。

今天，我们需要借助显微镜才能看到硅晶体管。而再过几年，整块布满微小晶体管的芯片在显微镜下才能看到。随着硅芯片的尺寸逐渐缩小到肉眼几乎不可见的程度，它的成本也将降低到几乎可以忽略不计。1950年，一个晶体管要价5美元，1998年，它只值0.01美分；到了2003年，它的价格只是微不足道的1微纳美分，而一片载有十亿个晶体管的芯片也将不过值几美分（1美元=100美分；1美元≈6.88元）。

这意味着芯片会越来越小，成本也会越来越低，最终它会融入我们身边一切事物中。在每一个罐头拉环上，每一个电灯开关里，每一本书的书脊中，都会嵌有芯片；而每一件衬衣的衣角里，也会缝入至少一块芯片；甚至杂货店货架上的商品也都会嵌入或粘有一块硅芯片，作为智能标签。世界上每年要生产出十万亿件物品，终有一天，每一件物品都会携带一片薄薄的芯片。

这并不是痴人说梦，也绝非遥不可及。几十年前，如果有人说要把一幢楼里所有的门都装上智能芯片，大家会认为这是无稽之谈。但今天，美国几乎每家旅馆的门锁上都安装着能发声发光的芯片。而且这些微小芯片的成本低到我们不会在意。我们手里那薄薄的智能卡中都嵌有聪明得足以媲美银行管家的一次性芯片。如果国家半导体公司的进展一切顺利，很快，每一个联邦快递的包裹上都会有一块芯片，它可以跟踪包裹投递的全过程。设想一下，如果连一个用完就扔的信封上都有一块芯片，那么在不久的将来，我们的椅子上、糖果的包装袋上、新的衣服和篮球上，也会有芯片的身影。很快，无论是运动鞋还是钻床，无论是灯罩还是罐装饮料，我们所制造的一切产品，都会有一小块银光闪闪的会思考的小物件。

为什么不呢？

1998年，世界上有两亿台计算机，当时，英特尔的安迪·格鲁夫（Andy Grove）很乐观地估计，到2002年世界上将有五亿台计算机。现在，每当有一块昂贵的芯片被放进那浅褐色的机箱，就会有30块其他种类的廉价芯片嵌入我们日常的生活用品中。1998年，世界上有多达60亿块非计算机芯片运行着，相当于地球上的每个人身边都有一块芯片在高速运转。

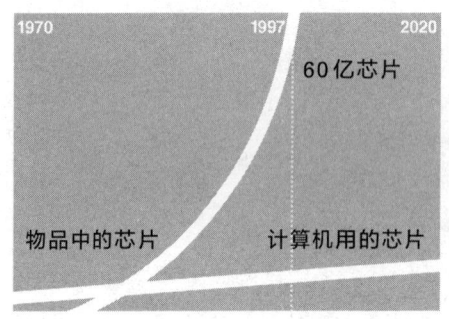

我们正在经历一个从个体研究到推进互联的过程。虽然计算机芯片的数量在不断增长，但是嵌入物品之中的非计算机用芯片的数量增长得更快。

在我们每天都能接触到的汽车、音响、电饭锅和手机里，都已经嵌入了非计算机芯片。这些芯片叫作简易芯片，功能有限。汽车刹车的芯片不需要去做浮点运算、报表和视频处理，它只需要老老实实完成好刹车的功能就够了。

由于简易芯片的功能有限并且可以大批量生产，它们的造价极其低廉。一位工业观察家曾经计算过，一块嵌入式处理器芯片的造价比一个滚珠轴承还要低。鉴于这些芯片可以像软糖一样又快速又便宜地生产，它们在行业里被戏称为"糖豆"。正因如此，简易又便宜的"糖豆"芯片正在以比计算机芯片快得多的速度占领世界。

这没什么可惊讶的。一个人最多能够同时使用一到两台计算机，但我们身边的其他物品不计其数。首先，我们把这"糖豆"芯片放入高科技产品中；接下来，我们把它放入各种各样的工具中；最终我们身边所有的东西都会嵌有这种"糖豆"芯片。按照这样的速度，到2005年，有超过100亿个微小芯片散布在世界的每一个角落。

把一点点智慧放入我们制造的每样东西中，我们首先得到的将会是数十亿个低智能的产品。然而我们同时也会把这些节点一个个连接起来。

我们让世界互联。

当大量功能有限的东西被连接起来的时候，奇迹就会发生。当我们把一家商店里每台收款机上的简易芯片连接成集群的时候，我们所得到的东西就不是简易的了。我们有了商店的实时购买模式，它可以帮助我们管理库存。我们让简易芯片将汽车引擎的运行状况发送给汽车制造商的工程师，这些简易的芯片就可以有效地削减昂贵的路上维修费用（梅赛德斯·奔驰公司宣布，把网络服务引入到高端车型中，以方便技术人员远程服务）。当连接成一个集群的时候，简单的头脑就会变得聪明起来。

如果任何物品都能发送少量的信息并从邻近节点接收信息，我们可以将没有生命的物品变成"活"的节点。

这并不是说所有相互连接的物品都要传输大量数据。在澳大利亚某个牧场中，贴在水箱里的微芯片仅仅需要发送两字节的信息来表示水箱是空的还是满的，而每头牛耳朵上的芯片只需要通过GPS来发送它的位置，告诉牧场的记录器："我在这儿，我在这儿。"牧场大门上的芯片只需要传送一个词来报告大门上次打开的时间——"星期二"。

传送这些简单的信息并不需要复杂的设备。静止的物体，如建筑物的某个部分、工厂车间里的机器以及位置固定的照相机等，可以用电线连接起来。而位置不断变化的物体，如流水线上的物品，我们需要通过红外线或无线电波来搭建一个比有线网更加庞大的网络。原理与日常开启车库大门和电视遥控器相同,但我们将其百万倍地放大,使之在互联的物体间传递简易的信息。

将细碎物件相互连接的伟大之处在于,它们自身不需要很复杂。它们自身不需要语音识别、人工智能或是让人想象不到的专家系统。网络经济依赖的是简易信息连接成集群时所产生的强大力量。

我们的大脑能够集合单一功能的神经元形成意识,这正是对单一功能能量的发掘。互联网所依赖的正是将那些功能并不强大的个人计算机连接起来所形成的能量。一台个人计算机就像放在塑料盒子里的一个大脑神经元,当它们以通信的方式被连接成一个网络的时候,这些功能简单的计算机节点创造出了神话般的智慧产物——全球广域网。

我们一次又一次地在其他不同的领域发现相同的机制。我们体内单一功能的细胞以集群的方式相互协作,从而产生了聪明得难以置信的人体免疫系统,这个系统十分复杂,我们至今都没能完全了解其中的机制。

单一功能的元件,以合适的方式连接起来,会产生奇妙的效果。

万亿个像蜂巢一样相互连接的简易芯片是整个世界的硬件基础,而构建于其上的软件体系正是网络经济。我们生活的世界遍布互联芯片,整个地球的触觉从未如此灵敏过。几百万个农田里的湿度传感器向外发送着数据，数以百计的气象卫星向地面传输着海量的图像信息，成千上万的收款机源源不断地输出数据流，医院中无数的病床监视器不停发出信号，上百万的网站记录着访问次数，上千万的车辆不断上传它们的位置代码。所有这一切都在网上激荡，而这些信号的母体就是网络。

人们脑海中对网络的印象更多的是在社交平台上打字聊天，这的确是网络的一部分，而且只要那种热辣的吸引力仍然存在，它在未来的网络中仍会占有一席之地。但是，网络远不仅限于此。网络是地球上万亿个物体与生命通过电波与光线相互连接、相互交流的大集合。

这就是孕育出网络经济的互联网。20世纪90年代，MCI公司就曾预测在全球电话系统中，数据流量将很快超过话务流量。那时的话务流量是数据流量的1000倍，但是他们预测在3年后，这个比例将会反转。同时，Electronic Cast市场调研公司也曾预测，到2005年，数据流量，即设备之间的通信，将会是话务流量的10倍。这意味着在地球上穿梭来往的信号大多数将来自设备间的通信——文件传递与数据流等。网络经济在不断地膨胀，吸收新成员，如代理程序、机器人程序、各种对象和服务器以及几十亿个新增的网上用户。我们不需要等待人工智能的算法来搭建智能系统，我们用普适的计算能力和无所不在的网络集群力量就能做到。

大量的单一功能聚合可以形成智慧，这是最可靠的方式。

推动大众化的网络连接最可靠的方式是去开拓草根民众的力量，去网罗、连接最分散的底层力量。我们怎样才能建造一座好的桥梁？让各部件之间充分磨合。我们怎样才能种好莴苣？需要土壤和拖拉机的相互配合。我们怎样才能让飞机安全飞行？确保飞机与飞机相互沟通，让它们选择各自的航线。这种去中心化的手段，也被称为"自由飞行"，这是美国联邦航空总署（FFA）正在研发的一个系统，希望能够有助于增强航班的安全性，突破机场空中交通流量的瓶颈。

曾经连大型计算机都束手无策的数学问题现在已经可以通过一大群小型计算机来解决。一个非常复杂的问题被分解成很多子问题，通过网络分发出去。同样，任何一个研究所都难以承担的庞大课题，也可以被分解后通过网络分发出去。"生命之树"是一个关于建立全球范围内所有生命体的分类学目录的项目，它目前采取网上管理。这样庞大的课题已经远远超出了一个人甚至一个课题组的能力范围，但是一个去中心化的网络可以提供足够的智力支持。每位专家都提供当地关于雀类蕨类植物或水生动物的数据以填补项目中的某项空白。正如Doblin集团的拉里·基利（Larry Keely）所说，没有任何个人的智慧能胜过集体的智慧。

任何过程，即使是最庞大费力的过程，都可以通过自下而上的集群思想来解决。墨西哥北部欠发达地区现浇混凝土运输问题的解决就是一个很好的例子。墨西哥水泥公司（Cemex）是一家从事现浇混凝土生意的公司，它在当地不仅击败了所有竞争对手，还得到了全世界的关注。过去，要是能够把一车水泥按时送到瓜达拉哈拉地区的建筑工地上，那几乎就是一个奇迹。那里交通阻塞，路况很差，承包人言而无信，乱七八糟的事情加起来，使得按时送货率还不到35%。水泥公司试图推行严格的预约制度以解决问题，但是，这样一来，一旦出现一点差错（这是常有的），事情往往会变得更糟（"对不起，我们只能到下星期才能给你重新安排"）。

墨西哥水泥公司对水泥业务进行了改革，它承诺运送现浇混凝土的速度比送比萨还要快。它广泛使用网络技术，每辆卡车实时发送GPS位置信息，全公司大规模使用远程通信，公司上下从卡车司机到调度员，都能够掌握全部信息，谁都有权随时处理各种情况。公司大胆承诺，如果送货迟到10分钟，价格打折20%。

不同于其他公司古板地试图在一团糟的环境中提前做好时间规划，墨西哥水泥公司让卡车司机自己根据情况实时安排送货流程。司机形成了一个遍布整个城市的卡车群。如果一个承包商要订购12立方米的混凝土，此时此刻距离工地最近的卡车就可以很快把货送到。调度员在确保客户满意的同时，还能防止出现疏漏。现场人员有他们所需的授权和信息来随时安排订货。这样一个实时规划方案的结果就是：按时送货率达到了98%，在减少混凝土浪费的同时，提高了客户的满意度。

在美国印第安纳州韦恩堡，一家通用汽车公司的喷漆厂也采取了类似的做法。现在市场上有各式各样的汽车颜色供客户挑选，这对于喷漆生产线来说是一场灾难。如果生产线上每辆汽车都要喷成黑色，事情会简单很多。但是当这一辆车需要喷成红色，而下一辆需要喷成白色的时候，喷漆的速度会由于喷漆设备的清洗而大大减缓。首先需要把喷漆设备上的前一种颜色洗掉，为下一种颜色做好准备（而清洗的过程也会浪费生产线上剩余的颜料）。那我们为什么不把所有白色的汽车集中起来一起进行喷漆呢？那是因为将车集中起来也会使生产速度变慢。每当客户订购了一辆汽车，工厂就得尽快将其制造组装完成。解决方法就是采用集群的方式。

喷漆厂里有许多喷漆机器人，实质上是一个非智能的喷漆机械臂，它们被安排完成一项特定的喷漆工作。如果某一个机器人被安排喷红漆，而一辆要喷红漆的汽车刚从生产线上下来，它就会要求"我来干"，然后把这辆汽车引到它的工位上。机器人能够安排自己的工作，它们有一个与服务器相连的很小的脑袋。整个系统没有中心大脑来指挥，所有进度的安排全部来自这些微小头脑的集群。采取集群方式的结果就是：

通用汽车公司因此每年节省了150万美元。设备消耗的漆料大大减少（不再需要在颜色切换时频繁清洗喷漆设备），生产线的运行速度也随之加快。

现在的铁路也采用了集群的技术。当铁路交通变得非常复杂且时间周期又缩短了的时候，交通中央控制系统就不能胜任了。日本采用了一种自下而上的集群模式，来管理其著名的子弹头列车，而这种列车以正点运行著称。列车的调度是由各个地区自主管理的，就好像行驶在其中的列车是拥有一个共同大脑的蜂群。美国休斯敦铁路局也希望以集群模式来管理当地的铁路。现行的中央控制系统表现得很糟糕，编组站里非常拥挤，总有一长串货车车厢在休斯敦周边地区绕行来做缓冲。整个火车站就像一个移动的停车场。只有编组站里出现空位的时候，才会把车厢从外面排队的列车中拉出来。但是如果能够采用基于集群模式的系统，局部的线路可以通过不多的计算能力来完成自主调度。这种自主调节、自主优化的系统可以有效地减少延误。

互联网正是采用这种模式来处理它大得惊人的数据量。每份电子邮件都被分成若干小字段，每个字段都被放进一个标明地址的信封里，而所有这些包含细碎信息的信封都会被发送到全球互联网上。每个信封都自主地去寻找最快的路径。这样，电子邮件就变成了众多细小字段的集群，这些字段在终点处重新组合，形成完整的原文。如果同样的信息再发送一次，那么它第二次所走的路径会与第一次完全不同。这些路径有时候并不是那么高效，你发送的邮件可能会辗转到非洲，然后回到你所在的城市的另一端。中央交换系统肯定不会以如此浪费的方式传递信息，但是集群系统极高的可靠性克服了个别节点的低效率。

新经济可以从互联网的模式中学到很多，但其中最重要的可能是低能集群能量的应用。利用集群力量是为了在日益嘈杂的环境中做出优异的表现。当事情发生得特别快速和突然的时候，它们更应该围绕控制中心运行。当许多简易的部件相互连接形成一个松散的联盟的时候，系统的控制权从中央分散到了最底层以及最外围，依靠这些外围节点集群的力量，仍能保证系统的正常运行。

然而，一个成功的系统需要的不仅仅是简单地把控制权下放到最底层的节点上。

完全听任最底层的摆布并不是集群效应的宗旨。

让我告诉你们一个我曾在《失控》这本书里提到过的故事。《失控》这本书详细地介绍了利用集群效应管理复杂系统的优缺点、蹊跷之处和相应的结果。书中讲了一个故事，展示了集群的力量，但是有一个新的结尾，它告诉我们集群系统也有不足之处。

在1990年的一次计算机图形学会议上，有大约5000名与会者被要求操作一个由洛伦·卡朋特（Loren Carpenter）开发的计算机飞行模拟器。每个人都用虚拟的游戏摇杆与网络相连。他们每个人都能控制飞机上下左右，但是设备规定，飞机只会根据多数意见做出响应。这场飞行是在一个大礼堂内进行的，在控制飞机飞行的时候，这5000名飞机驾驶员通过互相叫喊来沟通。很了不起的是，这5000名飞机驾驶新手在没有指挥和协调调度的情况下居然成功地让飞机安全着陆。大家和我一样，都被这分散的、无中心的、自主非智能的控制力深深折服了。

在这场表演过去5年之后，卡朋特再次来参加计算机图形学会议。这次他带来了经过改良的模拟设备。我们有了更好的输入控制器和更高的期待。不同于上次的模拟飞行表演，这次的挑战是驾驶一艘潜水艇，穿过三维的海底世界，去捕捞海怪的蛋。同样的参会人员，现在却有了更多的选择、更多的空间和更多的控制方式。潜水艇能够上下前后随意移动，张开或闭合机械爪等，远比操控飞机随意得多。但大家一开始接过指挥权，什么都没有发生。他们都在不停摆弄着控制器，喊来喊去指挥别人，可是没有任何动静。每个人的指令都被另一个人的指令所抵消，根本没有形成合力，潜水艇也因此一动不动。

最终从礼堂后面的扩音器中传出了卡朋特的声音："大家为什么不往

右走呢？"他大声喊着。"咔嚓！"就在这一瞬间，潜水艇迅速转向了右方，随着不断地相互协调，大家最终调整了航向，顺利出发，踏上了寻找海怪蛋的旅程。

卡朋特的声音是领导者的声音。他简短的几句话里只包含了几字节的信息，但正是这么一点自上而下的命令便足以操纵下面的集群。他没有亲自去开潜水艇，是那5000名新手舰长不可思议地联合完成了那些复杂的操作。卡朋特所做的仅仅是指出了一个方向，把集群从一个瘫痪的状态中解脱出来。接下来，就像5年前让飞机成功着陆一样，集群再一次干净漂亮地完成了任务。

如果没有来自顶层的指导和管理，自下而上的控制方式会在面临很多选择的时候停滞不前。如果没有某种领导元素存在，底层的节点在很多选择面前丧失行动力。

由无数小东西连接而成的网络能够产生巨大的能量。但是这种集群的力量需要某些来自上层的指点才能使其充分发挥效能。采用怎样的监管方式则取决于网络的类型。在企业里，领导层是监督的力量；在社会网络中，政府要尽监管的职责；而在技术的网络中，靠的是标准和规范。

我们与自上而下的管理模式纠缠了几个世纪，但时至今日，它仍是不可或缺的。然而，新经济最让我们振奋的是，我们刚刚开始探索底层的力量。在这里，平等关系控制着局面，巨大的宝藏等待着我们去开发。借由以互联网为首的几个分布式网络的诞生，我们才看到了低中心化网络的冰山一角。

从现在来看，拓展底层力量的能力范围会比关注顶层的作用获得更丰厚的收益。

当谈到控制力，底层的力量还大有可为。在点对点的互联网上有百万级的用户，以最少的管理、最大数量的连接，他们所能完成的事情远远超出我们的想象。我们还不知道去中心化的极限会是什么。

在未来的十几年中，新经济带来的巨大利益在很大程度上来自对分权式和自治式网络的开发和利用。

我们首先给每件物品嵌入芯片；然后把它们连接起来，接着把全人类都连接起来，再把对话的范围扩大，将整个世界和世上所有物品都囊括其中。我们要让物联网最大可能地自治，只在需要的时候进行监管，世界就在这个相互连接的母体里交流和创新。这个网络就是我们的未来。

这个过程不会在一夜之间完成,但大势所趋。我们使一切相互连接,直到覆盖人类创造的整个世界。就在这怀抱之中,新世界的动力正在孕育。

策略

让技术隐形。现在的技术已经无处不在了,与此同时,它也变得不易被察觉。芯片发展得越繁荣,我们对它的关注就越少;网络方面越发达,我们就越难以感觉到它的存在。

20世纪初,那正是工业经济的辉煌年代,电动机改变着世界。庞大而又笨重的电动机驱动着工厂、火车和自动化设备的运行。如果说这庞大的电动机改变了人类的工作,那么接下来它必然会改变人们的家庭生活。正如西尔斯(Sears)百货公司1918年版的罗巴克(Roebuck)目录上所描述的那样,"家用电机"这样一个重五磅的电动家伙,能够减轻家务劳动负担。一个家用电机可以为一个现代家庭提供其所需的所有能量。随之一起销售的还有这个中心电器的周边产品,如电动打蛋器、电扇、搅拌器、磨粉器和砂轮等。所有家务活,"家用电机"都可以搞定。施乐公司的一位科学家马克·韦泽(Marc Weiser)指出,电机的发明是如此成功，使得我们对它的存在已经习以为常。80年过去了，我们谁也没有把一台家用电机留到今天，但我们的生活中多了十几个微型电机。它们很小，安装巧妙，又不起眼，以至于我们常常感受不到它们的存在。试想一下，如果我们每天都要听着身边各式各样电机（电扇、闹钟、水泵、录像机、手表等）嗡嗡运转，日子还怎么过！现在我们知道工业革命是成功的，因为它的大功臣——电动机已经隐身在我们的生活中了。

同样，计算机技术也在渐渐趋于无形。如果信息革命能成功，单独的台式计算机将慢慢消失。芯片、连接线和各种看得见的接口也都会渐渐地融入环境中，除非它们出现故障，否则我们不会感觉到它们的存在。随着网络时代的逐渐成熟，只有当我们可以把芯片和光纤忘到脑后的时候，我们才能说它们确实成功了。如果技术成功的标准是让人们对它习以为常，那么最好的长期策略就是去开发那些最终会与我们的生活融为一体的产品和服务。

如果它不是活的，就去激活它。 就像书写技术已经不仅仅局限于纸面上，而是已经涉及所有的物品。交互技术也很快会融入我们所制造的一切物品中。没有什么东西能逃过"糖豆"芯片的融合，所有的东西都能够被智能化。甚至在芯片的价钱还没有便宜到一文不值的时候，物品仍然能够被集成到系统中，就好像它们是活的一样。现在假设你身边有100万片一次性的芯片，你会用它们来做什么？依托现有的科技，利用这些简易芯片，搭建一个分布式集群化的智能系统，来实现这些芯片一半的价值，这是一个不错的主意。

如果它还没有互联，就让它互联。首先，机构的每一名员工都应当能够随时随地不受干扰地使用机构里的媒介——电子邮件、语音邮件和电台等。通信的好处它在达到一定规模之前是很难看出来的。我们在努力让它变得更便宜，更好，更通用。我们所做的一切都推动它在正确道路上再前进一步。

传播知识。用最少量的数据保持系统的各个部分都意识到彼此的存在。比如说，你负责管理一个配件仓库，你的系统必须做到时刻了解每个配件的位置。我们可以用条形码来给所有配件编码。但是我们还需要更进一步，那些配件也需要知道一些系统知道的信息。仓库里的配件会根据产品销量来移动它们存储的位置。我们总希望卖得最快的配件（它有动态清单）被放在最容易拿到、最容易发货的位置。如果有一个系统可以发布信息，仓库内的各种配件就会根据外部传来的信息移动到各自需要的位置。

我们要实现机器之间的直接对话。系统中的信息需要更多地横向流动、向外流动、相互流动，而不是都流向系统中心。问题是：我们的产品和服务对我们的营业情况了解多少？有多少流通的知识回传到了边缘？既然外沿才是行动的中心，那么我们对外界沟通的工作又做得怎么样？

如果不能实时运转，那就离死期不远了。 集群需要实时通信，实时系统没有过一夜再处理所收到的信号的福气。如果它们必须睡觉，那么它们将在睡梦中死亡。大自然永远实时地做出反应，几乎没有例外。商业经营更是如此。在过去，处理事务的费用高昂，使得许多小的交易没有能够及时完成；人们后来把所有的零碎事务堆积在一起，用更省钱的方式成批处理。但是这个情况现在已经不存在了。为什么电话公司一个月收取一次费用，而你却可以天天用电话？未来，电话公司会在你呼叫的同时收取实时的费用。饼干厂将能够实时知道杂货店货架上饼干的销售情况。美国加利福尼亚州的天气出现变化，美国俄亥俄州的生产线就能立刻反映出来。当然，并不是所有的信息都需要传向四面八方，只有那些有价值的信息才值得被传送出去。但是，在网络经济中，往往只有实时的或接近实时的数据才是真正有意义的。想想看，我们所在系统中知识传播的速度怎样才能让它更接近实时呢？特别是当我们需要与承包商、外地合作伙伴以及距离更远的客户合作的时候，越即时越好。

相信人海战术是王道。 一粒沙子无论如何也不能造成山崩。就算有人针对一粒沙研究上一百年，他也无法得出沙子能造成山崩的结论。形成一场山崩需要成千上万粒沙。在类似的系统中，多多益善确实不假。一个拥有百万节点的网络肯定与一个只有几百个节点的网络大不相同。它们就像两个完全不同的物种——大象和蚂蚁，或者更确切地说，是一窝蜜蜂和一只蚂蚁。两千万把铁锤一起挥舞，它仍然只是两千万把铁锤。但是两千万台计算机构成的集群比两千万台独立的计算机厉害得多。

尽全力做"更多"。 在网络的世界里，企业成长的初期依然会遇到鸡和蛋的问题的困扰。由于没有内容，所以没有观众；因为没有观众，所以没有内容。因此，在联网初期付出的辛勤劳动往往只能获得很少的回报。智能卡使用最初，与信用卡没有什么区别，反而会更不方便。但是随着用户增多，情况开始发生改变。两千万张智能卡与同样数量的信用卡相比，它们已经是两个完全不同的东西了。

当小物件变多的时候，它们在价值上就会发生很大的变化。有一个小物件，它只会在发出哔哔声响的同时显示一串数字，但当它的数量扩张到数百万个的时候，我们就拥有了一整套的寻呼系统。设想一下，如果全世界的游戏机都可以相互通话会怎么样？如果一座城市里所有住户的电表相互连接形成一个集群，又会怎么样？如果所有户外温度计都被连接起来，我们会有一个比现有的好上上千倍的气象系统。

蚂蚁已经告诉我们，如果相互之间能够沟通连接，再小的东西也可以大有作为。

网络经济的游戏规则就是，去发现那些曾经以为太小而被我们忽视的事物，让它们用最合适的方式去拥抱集群。

02

回报递增：
胜利连着胜利

网络世界奉行它自己的逻辑。当我们把一切事物相连之后，奇妙的事情就发生了。

数学家认为，网络价值之总和会随着网络用户数以平方级的速度增长。换句话说，如果网络中节点的数量以算术级的速度增长，网络的价值就在以指数[1]级的速度增长。新网络用户的加入会使所有用户的价值都得到提升。

---

[1] 这里的"指数"是指"爆炸性的增长"。严格地讲，n^2的增长应该叫作多项式增长，或者更准确地说，是平方级的增长。它在增长的底数n上加了一个固定的指数（这里是2）。而数学上定义真正的指数增长是在固定的底数（如2）上面加一个不断增长的指数n，就像2^n。除了指数曲线会更陡一些，有一些多现实曲线和指数曲线很相似。在一般情况下可以不做区分。

这种令人吃惊的爆发其实并不难以想象。拿4个人来举例，在他们之中存在12种一对一的特定友谊；如果我们在其中加入第5个人，这个圈子里的友谊关系就增加到了20种；如果有6个人，他们之间就存在30种友谊关系；7个人就有42种。随着朋友圈中的人数增多到超过10个人，其间的朋友关系数目就会快速增长。当我们身边有很多朋友的时候，这个圈子里朋友关系的总数大概在n^2数量级上。因此1000个成员之间就会存在100万种朋友关系。

n^2的神奇之处在于，每增加一个新成员，就会增加很多连接，价值也就越大。这种情况在工业界是不会出现的。比如你拥有一个牛奶工厂，你有10个每天买一次牛奶的客户。如果像网络一样，当有一个新客户光临的时候，你的客户量就增加了10%，与此同时，牛奶的销量也会增加10%。它们之间存在线性关系。但是，如果说你拥有一个电话网络，其中有10个客户每天相互通一次电话，你的客户将会每天总共打出n^2也就是100通电话。此时如果你新增加了一个用户，你的客户基数增加了10%，但是你的话费收入突然增加到了20%。在网络经济中，很小的作为会得到很大的收获。

网络经济的价值在数学原理上就注定会爆炸式增长，这一现象是发明了"以太网"这一局域网络技术的鲍勃·梅特卡夫（Bob Metcalfe）首先注意到的。在20世纪70年代末，梅特卡夫在销售以太网、UNIX和

TCP/IP网络协议的打包产品，用来把小型的网络搭建成大型的网络。梅特卡夫说："我曾针对小型网络做过许多次试验，希望使它运行起来，但是屡屡失败，直到那时才注意到，网络的价值等于n的平方。"他同时也注意到网络只有在达到一定的规模之后才能真正发挥它的价值。同时，他还注意到，当他把全世界各地的小型网络连接在一起的时候，它们所组成的这个大型网络的价值在成倍地飞速增长。到1980年，他开始构思他的定律：网络价值等于n的平方。

实际上，n^2还是低估了网络成长的总价值。正如经济记者约翰·布朗宁（John Browning）所说的，网络力量的增速比这还要快。梅特卡夫的观察是基于电话网络的，在电话的两头各有一个人，因而此时的电话总数是拥有电话之人相互之间所有匹配可能性的总和。但是互联网更接近我们真实的人际关系，它可以提供复杂的三方、四方及多方的连接机会。你不仅可以和你的朋友张三通话，还可以让李四和王五也同时加入进来。在互联网上同时与一组人交谈，与过去一对一交谈是两种截然不同的感受。因此，我们在计算网络中的连接总数时，不仅要考虑用户之间一对一的各种组合，同时也要考虑群组的存在。这些群组使得网络的价值大幅提升。其实精准地计算网络的价值并不重要，我们只需要知道网络拥有比我们现有投入大得多的价值。

这种少量投入被迅速放大的网络趋势又引出了网络逻辑的第二个重

要规则——回报增值定律。从某种方式上来说，这条规则主导了网络经济中很多奇妙的现象，简单来说，随着网络用户的增多，网络的价值迅速膨胀，而这种价值的急速膨胀又吸引来更多的用户，产生了复合性的效果。

有一句老话说得好：一步领先，步步领先。

新的说法是，网络会鼓励成功者取得更大的成功。经济学家布莱恩·亚瑟（Brain Arthur）将这种现象称为"回报递增"。他认为："回报递增是指领先者会步步领先，而失去先机的会失掉全局。"

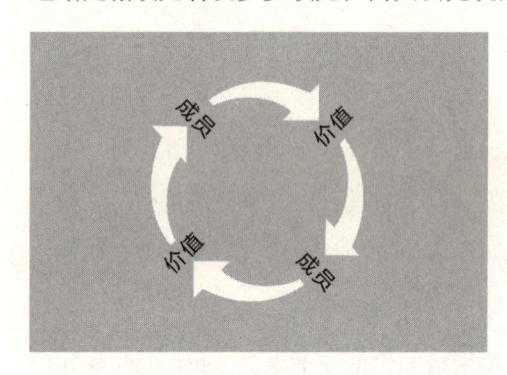

在网络世界中，我们发现了自我增强的虚拟循环。新加入的成员会提升网络本身的价值，而网络自身价值的升高又反过来吸引更多的成员，从而形成了一条优势的螺旋线。

在工业经济中，成功往往会自我设限，它遵循的是回报递减的原理；在网络经济中，成功是自我增强的，它遵循的是回报递增的原理。

硅谷的成长让我们见识到了回报递增定律的运行方式：成功的创业公司会吸引其他的创业公司，这样反过来又带来了更多的资金和技术。然后资金和技术的到来又会吸引更多的创业公司。（硅谷和其他高科技工业园区本身就是人才、资源和机会紧密联系的网络。）

初见之下，回报递增定律好像与教科书中提到的关于规模经济的观点类似——生产的产品越多，效率越高，效益越好。亨利·福特（Henry Ford）通过销售汽车的成功来带动更高效的汽车制造方法的发明。这使得福特公司能把汽车卖得更便宜，产生了更大的生产规模，同时也激发出更多的创新和更好的生产方法，就这样一步步将福特公司送到了行业的顶峰。

这种自我馈送的循环是个正向反馈的循环。虽然回报递增原理和规模效应原理都依赖于经济的正向反馈循环，但它们有两个不同之处。

其一，工业经济的规模效应对于价值的提升是逐步而线性的。低投入，低回报；高投入，高回报。网络经济却有所不同，它的价值是指数级地增长，小投入与小投入之间互相增强，效益像雪球一样越滚越大，甚至形成雪崩。两者的差别就好像是家中的储蓄罐和银行的利息。

其二，也是更重要，工业经济的规模效应是以单一组织为基础的，它不遗余力，想要以更低的成本创造更多的价值以战胜对手，在竞争中胜出——领先公司所开发的技术及优势往往只属于它们自己；与之相反，网络中的回报递增是整个网络一起创造并共同分享的。许多网络的代理商、用户和竞争者在一起共同创造了网络的价值。尽管回报递增所产生的利益会有相当一部分由一个组织占有，但是利益的价值是存在于更大范围的关系网络之中的。

这些正向反馈循环是由"网络效应"（network externalties）产生的。任何无法记到个人账户上的增加或损害网络价值的事情都是网络效应。一个电话系统的总体价值并不算在任何一个电话公司及它们的内部价值之中，它属于系统之外的更大的电话网络本身。网络本身就是特别有效的外在价值（external value）之源，它在过去的十几年间也已经变成了经济调查的热点话题，近年来发表的很多学术论文都在详细论述网络效应的各种细节：它们是如何产生？如何崩溃？它们是否对称？是否可以被操纵？

回报递增和网络效应能够获得巨大关注的一个原因是它们能够产生明显的垄断。巨额的资金流向了思科公司、甲骨文公司和微软公司这类网络竞争中的赢家，这令人不安。网络经济中的超级大赢家已经成为垄断寡头了吗？它们可不太像工业时代的那些垄断巨头。现如今反托拉斯浪潮高涨，但那些曾被垄断者的高昂价格、粗鲁服务和狭小选择范围惹得很恼火的顾客并没有参与其中。现在的顾客没什么可埋怨的，他们从网络超级大赢家那里拿到了更低的价格、更好的服务及各种特色花样,至少在短期内如此。唯一对那些超级大赢家抱怨不止的是他们的竞争者,因为回报递增效应创造了一个赢者拿大头(winer-take-most)的局面。但从长远来看,如果竞争者退却了或者消失了,顾客就会有抱怨的理由了。

这些新的垄断巨头有其特性。传统垄断者在商品上具有统治地位,而在新的网络秩序中,正如圣达非研究所的经济学家布莱恩·亚瑟所指出的那样:"垄断某一类产品远远比不上在遍布新技术的网络上寻找更多未来的商机。"

这些超级赢家会采取一种跨界的方式,当他们完全控制了网络的某个层面,那么接下来进一步去控制其他层面就变得轻而易举了。当我们控制了语音通话的标准,我们就极有可能也会获得传真通信的标准。

传统垄断者不可饶恕的罪恶在于:它是市场上唯一的卖方,可以肆意抬高价格并降低质量。网络本身的内在逻辑就是去降低价格,提高质量,即使那些单一卖方的垄断者也是如此。当竞争受到遏制的时候,创新也会受到影响,这在网络经济中是最不可饶恕的。在新的经济秩序中,创新远比价格更为重要,因为价格只是创新的副产品。

实际上,网络经济也希望单一卖方的出现。由于回报递增和 n^2 价值定律的存在,一个大型机构要比许多小机构好得多。网络经济为培养巨头提供了肥沃的土壤。在网络经济中,最不能容忍的是"单一创新"

（monovation）——创新只有单一的来源。网络经济中的垄断巨头的危险不在于它们能肆意涨价，而在于它们很有可能变成"单一创新者"。但与此同时，垄断巨头的世界也在不断鼓励"多元创新"(polyvation)，通过建立开放的系统，把关键知识产权转移到公共领域，民主地开放源代码。随着我们对回报递增及网络经济其他新规则的深入了解，不难想象在不远的将来我们对市场赢家的角色理解也会发生转变。

传统工业巨头通过开发简单的规模经济模式来为自己谋取利益。网络的作用却与规模经济效益无关。网络经济所涉及的价值都是通过一个更大的网络产生于单一组织之上，然后以不均等的方式返还给各个部分。由于网络公司的一部分价值明确来源于外部资源，它们也因此常常要服务于外部资源。

我们可以通过硅谷的发展与成长来看网络的作用。硅谷的成功不是其中某一家公司的成功，员工的忠诚度也并不意味着要在某一家公司干一辈子。正如《区域优势》一书的作者安娜·李·萨克森宁（Anna Lee Saxenian）所描述的那样，整个硅谷其实已经变成了一家庞大的分散式的公司，那里的员工频繁跳槽，甚至有人调侃说，虽然工作换了，但以前一起拼车的小伙伴都不需要换。有的人说，他们早晨醒来一睁眼突然想到他们是在为整个硅谷工作的。他们会更忠于先进的技术或整个区域的位置，而不是某一家特定的公司。

这种趋势似乎还在进一步扩展。我们正在慢慢走向一个新的时代，在这个时代中，工人和消费者都会更忠于网络而非某个公司。硅谷之中最伟大的创新并不是它们发明的那些令人赞叹不已的硬件或软件，而是硅谷中各个公司的社会组织，以及更重要的区域性结构——以往的工作关系、亲密的同事、公司之间的信息泄露、快速迭代的公司生命周期及快捷的电子邮件文化。如果将这种社交网络的基因注入糖豆大小的芯片和铜质神经元之中，我们才真正创造出一个网络社会。

即使在硅谷之中，社交网络也显示出令人担忧之处。毫无疑问，网络经济最糟糕的情况是赢家通吃（winner-take-all），最好的情况是赢家拿大头（winner-take-most）。回报递增和注意力缺乏的趋势会让成功变得更集中。明星产品和热点产品能够继续生存发展，而其他产品就会慢慢淡出人们的视线。一般电器和大宗物品开始逐渐模仿好莱坞的经营模式：保证若干个品牌卖得很疯狂，而其他产品只能卖出去很少一部分。

目前的重大议题是回报递增效应能否造福处于创业前期的公司。在回报递增效应的初期研究中，经济学家布莱恩·亚瑟发现，当我们将技术对手之间的关系——就像VHS和Betamax之间的视频格式之争——在计算机上建立模型的话，回报递增效应会对其中一方有利，对另外一方不利。而不幸的一方最终不得不退出竞争，就像Betamax一样。这里的"不幸"并不是夸大其词，根据亚瑟的研究，受益于回报递增效应，最终生存下来并垄断整个领域的公司并不一定是两者之中更强的那个，只是更幸运的，或者更早进入市场的那一个。亚瑟写道：如果一个产品、公司或者一项技术参与市场竞争，由于偶然的机会或者精明的策略而在市场中取得了领先，回报递增效应会放大这种优势，这个产品或这个公司就可以进一步锁定市场。

如果一切都是平等的，较早取得成功就会有一定的优势。但是现实生活中，又难以做到一切都真正平等。在进一步的研究中我们会发现，那些较为初级，却在回报递增效应下流行起来的技术，往往通过进一步的研究而在某些关键领域占据优势。有人说，索尼的Betamax格式之所以输给VHS格式是因为它的录像时间不如VHS长。苹果公司更先进的计算机在竞争中输给了微软是由于它受到垄断政策的误导致使在价格竞争中不占优势。人体工程学键盘Dvorak输给了人们熟悉的QWERTY键盘是因为前者真的并没有快到哪里去。

追求成为一个领域中的第一或者最好的，有时有效，但并不是一直都这样。网络世界中竞争的结果并不单纯由竞争者的实力决定，而是由细节决定，甚至包括被正向反馈成倍放大的运气。竞争的命运往往是由路径决定的，一点微小的动作就会导致系统方向性的错误。最终命运不能单单由系统特殊的属性决定。

可以预测的是网络可以将微小的优点放大并锁定成优势。同样，初始的参数和关系也会很快固化成不变的标准。网络中固化的标准可能是福也可能是祸。因为移动自组网（Ad Hoc）协议会降低风险，并促进广泛的进步。但是同时，拥有并控制协议的人并没有得到应有的回报。

但网络经济中并不是只有福而没有祸。对于微软的崛起，人们或多或少地接受了这个事实。因为在网络经济中很多人都借助微软的回报递增效应得到了好处，成为亿万富翁。

微软的瞬间崛起也就是近几年的事情[1]，它简直就是梅特卡夫定律（当Windows用户以算术级增长时，它的价值会以指数级增加）和回报递增效应（使用NT的人越多，NT就越受欢迎）的活教材。微软也证明了回报递增效益的第三个推论：微弱的小信号如何变成轰天巨响。

微软最初10年的收益微乎其微。大约在1985年，微软的收益才从华尔街的一片喧腾中崭露头角。但是增长一旦开始，就呈现出爆炸性的上升。在报表里，微软的利润是一条指数级暴涨曲线，已经可以比肩网络经济中的另外几颗新星。

联邦快递公司也经历了相似的轨迹：若干年的惨淡经营，利润缓慢增长，在20世纪80年代早期爬升到一个看不见的阈值之后，便开始了一飞冲天的疯狂增长。

传真机的故事也是一个经历了20年漫长等待后一夜成名的神话。在

---

[1] 本书1998年出版。

度过了不算成功的20年后，传真机的需求量在20世纪80年代中期悄悄越过了无回报点，接下来便是众所周知的事情，现在，传真机随处可见。

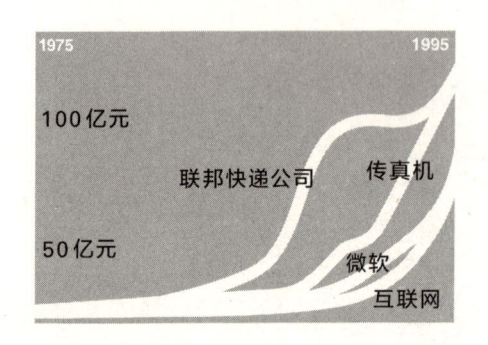

当网络还处在萌芽期的时候，网络组织只能获得很小的收益。一旦当网络搭建起来，它们几乎不需要努力就可以获得爆炸式的增长。

网络经济成功发展的经典案例其实就是互联网本身。正如某些洋洋得意的资深网迷津津乐道的：在互联网出现于媒体领域之前的20年间，它简直就是孤独却令人激动的文化死水。一项有关全世界主机量的图表显示，从20世纪70年代起，主机数量几乎停滞不前，但到1991年左右，便如雨后春笋般以指数级的速度在全世界蔓延开来。

微软、互联网、传真机和联邦快递公司这四者的曲线图（感谢《净收益》的作者约翰·哈格尔对其的肯定）体现了指数级增长的情况，呈现出一种生物学的增殖方式。这一曲线图差不多定义了一个完整的生物系统。这就是网络经济通常在生物术语中体现得最为精确的原因。的确,如果把网络当作一个新领域,那是因为我们第一次在技术系统中见证了生物学式的增长。

网络的确切定义:技术性矩阵的有机行为。

微软、联邦快递公司、传真机和互联网四者结合得如此成功,完全依赖于网络的首要准则。这一准则表明:价值量随着其成员关系的激增而呈现指数级增长,并且这一价值量的增长状况如同地心引力般源源不断地吸引着更多成员加入。这一良性循环会一直发展,直到所有的潜在成员都加入其中。

但是,到了约20世纪80年代末,这一激增现象才开始呈现。紧接着又发生了两件大事,一是价格低廉的"糖豆"芯片横空出世,二是电信资费暴跌。这一系列的巨变让我们用很少的钱就能随时随地交换各种各样的数据。这时,巨大的网络开始冲破饱和的现状,网络力量呼之欲出。

工业时代的标志之一就是其拥有一个合理的预期。成功与付出是成正比的。一分耕耘一分收获,十分耕耘十分收获。在资本投资和资源分配中,付出与收获的线性关系是很具有代表性的。《美国统计摘要》的数据显示,在20世纪50年代,诸如冰箱、时钟和洗衣机之类的畅销品,仅以每年2%的增长率稳步销售。要预测一个企业与新事物的未来,只需预测其目前的发展趋势即可。因此可得到一个也算合理的假设：世界大体是以线性方式发展的。新现象通常不会凭空出现，并在短短数月的时间内改变一切。

20世纪中叶，随着大规模电子媒体网络的出现，世界线性发展的假设论开始瓦解。数百万看着电视长大的孩子创造着许多极速的时尚（呼啦圈），在伍德斯托克音乐节上，50万个青年突然自发地聚集在一起，引领了诸如垮掉派和嬉皮士的速食青年文化。这一切都不再按照线性发生。随着网络媒体的发展，用过去来预测未来的这一理论不再可行。曾经销售的电子宠物就是一个很好的例子。电子鸡是日本玩具宠物原创品牌，在上市的第一年里，从一开始的0台销售额卖到了后来的1000万台，第二年更是卖到了2000万台。接着电子鸡在美国推出，仅在第一个月就卖出了50万台。从它们的生长率来看，电子鸡就是一种能繁殖的"动物"，因为它们的销售曲线与动物的繁殖曲线趋势相符。如果某一天我们饲养了2只宠物，那么在第二年我们便会收获200只这样的宠物。在生物繁殖的领域里，群落总数可以很容易地剧增，目前，更加疯狂的增长模式也在技术中出现了。

每天我们都在技术领域里寻找生物式生长的证据。这是网络经济的一个标志，生物学已经扎根于科技。这也是网络改变一切的原因之一。

事情是这样发生的。20世纪早期,多数技术被限制在工厂之内。只有商人才会重视先进的科技——便宜的生产方式或特殊的材料。通常,进入寻常百姓家的高科技消费品都是为省力而产生的,比如缝纫机、真空吸尘器、水泵。它们省时且丰富了大众文化。但是这些高科技产品(汽车除外)一般都是小件物品。这些较为陌生的科技新奇,而且少量使用效果最好,它们显然没有成为我们社会经济生活的核心。过去忽略科技很正常,因为它并没有渗透到我们在意的生活中:我们的社交、写作、美术、文化艺术、情感、自我认识,民间组织,工作性质,对于财富和权力的追求。但是随着交通和通信网络的平稳发展,科技完全渗透到了这些社会领域。我们的社交空间被电报、留声机、电话、照相机、电视机、飞机、汽车占领,然后是计算机和互联网,现在还有万维网。

科技已成为我们的文化,我们的文化技术。

科技不再格格不入,不再陌生,不再边缘化,它已成为我们生活的中心。音乐家兼艺术家劳瑞·安德森(Laurie Anderson)说:"科技,如同一团篝火,我们簇拥着舞蹈。"几十年来,对于我们来说,高科技曾只是一个微小的存在。然而突然间,它变得无处不在并至关重要。

科技在某种程度上能够渗透我们的生活，那是因为它越来越类似于我们人类本身，它的结构也变得有机化。相比于一台机器，网络科技行为更像是一个有机体。而在对于网络经济如何运行的理解方面，生物隐喻比机械隐喻要有用得多。

但是，倘若网络经济的成功遵循的是生物模型的原理，那么失败也是同样的。有一个警世故事是这么说的：一天，在海边，红色的小海藻一瞬间泛滥成一大片赤潮；几周后，这让人印象深刻的大片火红转瞬即逝。旅鼠现象也异曲同工。致使生物大量繁殖的力量也能造成生物瞬间的毁灭。那些在网络上以生物学方式聚集起来相互辅助一夜间共同构建组织创造强大标准的力量，也会逆向集中起来把组织摧毁。我们可以推测，当微软繁荣到头的时候，它的利润将会反向同等地投向成功曲线的另一头。也就是说，当成功转向失败、树倒猢狲散的时候，所有曾经在网络的成功中自我强化的因素都会发挥它们的反作用。

从微软、联邦快递公司和互联网的发展中我们得到了一个更为生物学式的视点。回顾它们发展史上的某段时期，成功的势头强劲得几乎达到失控的地步，像传染病般流行开来，想不被传染都难。以电话网络的到来为例，试问没有电话，你能坚持多久？在美国仅有6%的家庭可以过没有电话的生活。

在流行疾病学领域，当一种疾病传染了足够数量的宿主，而必须把它认为是重大疫情时，这个点叫作转折点。传染病的力量从抵抗所有的阻力爬坡而上，达到最高的转折点，转而顺势滚落，把所有的阻力都甩在后面。在生物学里，绝症的转折点是非常高的，但在技术领域，其转折点有可能非常低。

工商业或是网络领域总有其相应的转折点，到达这一点后成功便一发不可收拾。然而，我们发现，在网络经济领域里，低固定成本、极少的边际成本和迅速的分销把转折点降至工业时期的水平之下。这就如同更新的病菌有更强的传染力和繁殖力。这一新病毒会在不久之后疯狂发展，成为主导。

较低的转折点还意味着阈值在较大程度上低于工业时代——阈值指的是在达到转折点之前企业举步维艰的时期。研究到达这个门槛之前的发展过程是必要的。

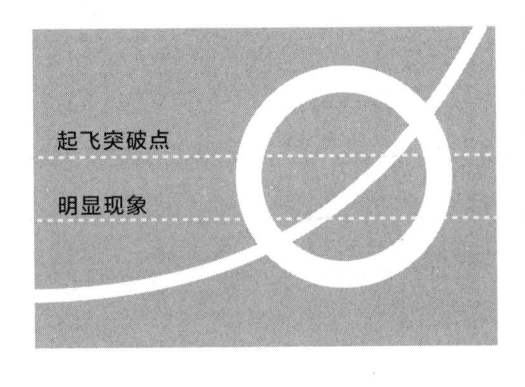

网络的指数级增长是很奇特的，其长期的复合回报效应会经过一个起飞突破点。但是形成增长势头之前，需特别注意这个点。

起飞突破点

明显现象

20世纪80年代，美国的大型零售商并不注意家庭电视购物这个销售网络，原因是最初留意家庭电视购物网络并在这里购买物品的消费者数量太少，以至于无法为这一少数消费群体建立家庭电视购物网络零售渠道。美国最大的零售商都是做上亿美元的买卖，而美国首家家庭电视购物商的收益只有数千美元。零售商发现，通过家庭电视购物网络进行购物的消费者会先观看购物栏目50小时，之后才会下一次单。零售商们认为这是可怕的。但结果证明，"先观察别人购买"是万事开头的惯例，购物者愿意购买已被别人购买过的商品。当看到很多其他购物者顺利地进行了交易后，购物者才愿意加入购买过程中来，而且来了还会再来。一开始，这类渠道的消费者以小数目稳定地上升，但随着消费者带来了更多的消费者，越来越多的消费者蜂拥而至。零售商没有注意到这个网络经济微妙的新门槛，他们在等待，直到转折点的警钟声响起。而转折点的定义是：此刻入场，他们已错过了最佳时机。

在过去，拥有创新的动力就是拥有了意义。现在，在生物行为主导的网络环境里，创造意义比拥有动力更为重要。

生物学有一个寓言。在一个夏天，漂浮在池塘上的一片睡莲每过一天，其叶片就扩展一倍，直到覆盖住整个水面。在它完全盖住池面的前一天，只有一半的池面被盖住，而在那之前的一天只盖住了池面的1/4，而其前一天只盖住了极少的1/8。尽管睡莲悄悄地长了整个夏天，但是只在其盛开周期的最后一周，旁观者才突然注意到它已经长得这么大。这个时候已经远远超过了转折点。

网络经济就像浮着睡莲的池塘一样。池塘的大部分空间看上去是空的，但是睡莲叶片的大小会逐日扩展。网络好像是每半年叶片大小就会拓展一倍的睡莲。就算有一百万个网站在进行更新，网站的前景也才刚刚开始。其他的睡莲叶正沿着池边萌芽，例如：MUDs、Irridium phones、无线数据端口、协作型机器人、网络电视及远程固态传感器。现在，它们还只是网络经济盛夏初始时期孕育着的小巧的睡莲细胞。一朵接着一朵，它们将超过引起注意的转折点，突然变得无处不在。

策略

审视（网络）外部效应。 普及度呈指数级增长的初期，网络的发展轨迹就像其他新生物的发展初期一样，呈平稳状态。你怎样在采取行动前就先探测出其意义所在呢？那就是判断正在孕育着的增长是否处于网络效应，而不是企业的直接努力。回报递增、开放体系、参与者数量、多网关到多网络这些因素是否在起着重要作用？通过开发网络效应从而获得些许进步的产品、公司或技术，就会成为指数级增长的候选者。

协调（链接）次级网络。提升网络价值最快的方法就是将其余一些小网络引入自己的网络中，这样，这个网络集合体就能以更大的网络形式运作，并取得总数为n的价值。互联网就是通过这种方式获得了成功。整个网络体系中的这些小网络，它们之间微妙的联系使现存的多样性网络高度地黏合在一起（进行运作）。你能使汽车配件供应网络、保险理赔员网络及车库修理网络相互整合吗？你能在医院记录与标准搜索引擎技术间找到契合点吗？县级房产数据库、美国专利与小镇律师，这三者的网络是否有什么共性？共处一个网络中的1000个成员比分处于3个网络中的1000个成员更具力量。

创建反馈循环。网络催生联结，然后联结催生反馈循环。现有两种基本的循环类型：一种是自反型循环，如恒温控制器和抽水马桶阀门，它们会创建调节自身的反馈循环；另一种是自我强化型循环，这种循环催生"利益递增"及"网络效应"的迅猛增长。这两大循环强有力地组合在一起，使得数以千计的复杂反馈循环的创建成为可能。当网络供应商们首次提供网络服务时，它们大多数都向经由高速调制解调器进行网络注册及网络使用的用户收取更高的费用。这些供应商担心，网络使用者若利用更高速的调制解调器上网，会意味着上网计费时间的减少。

在网络提供商最初成立之际，大多数用户需缴纳高昂的费用通过高速解调器登录互联网；提供商担忧互联网解调器的提速意味着可计费的上网时长越来越短。所以用户在形成的反馈回路上花费更多，反馈回路可以补贴用户用于购买更好的网络解调器，但是同时又阻止他们购买。有一个提供商在高速网络上收费较低，这个特立独行的公司靠着自己研发的回路补贴用户购买高速的网络解调器，使他们因此得到了更多的上网时间。尽管此公司在一开始投入大量的资金购买自己的网络解调器，但它另辟蹊径为偏好高网速的网络狂人创造了一个大型网络，网络狂人们抗拒不了这种尽管费用高昂但是速度快的网络解调器，只是解调器要达到这样的高速，这个公司几乎是唯一的选择。这个网络提供商也因此获利颇丰。作为一个新的商业经济概念，了解反馈与投资回报同等重要。

保持长时间的深思熟虑。 因为网络经济灵活快速，任何需要耐心和缓慢的事物都不易存活。然而，很多项目、公司和技术都是在逐渐累积经验中发展壮大起来的。在酝酿期的公司无法与这些老手抗衡，后来，再加上报酬递增法则，它们也很难打赢这场仗。后进入这个行业的公司需要遵循德鲁克规则——它们必须付出10倍的努力才能改变面貌。较晚地进入这个行业使它们不得不考虑通过增加新的产品来提高自身的竞争力。举个例子，一个公司在数码相机领域兴起得较晚，但研发出了可以兼容的有线电视及计算机，于是所有的等待和努力变得值得。

这是一个人人参与的游戏。对于大部分好莱坞影片来说，卖座的大片就能通吃票房。在网络经济中，该准则同样适用于笨重的制造业产品。现在油井就是这样运营的，少数大的喷油井为多数少油的油井填补经济窟窿。你在不知道哪个方法可以起作用之前不得不试验一大堆的想法。你唯一可以确定的是每个想法要么成功要么失败，并没有其他可能性。少数有用的想法需为所有失败了的想法埋单。这个如同买彩票般的经济模式对于实干家来讲是个噩梦，但是这确实就是网络经济的运转模式。所以参与者要向经久不衰的商业家学习的地方还有很多。你要不停地尝试很多东西，试图去猜测成功是徒劳的。

两位经济学家证明至少在演艺圈内这些成功都是无法预测的。他们策划了1985年5月至1986年1月的首轮电影促销，发现预测电影票房唯一可信的依据是前一周的成绩。其他的像电影的类型、演员和预算都是不可靠的。上一周的票房越高，这周更可能有高票房。这是因为电影口碑好了，才会带来更多的收益。经济学家阿特·德瓦尼（Art De Vany）和大卫·沃尔斯（David Walls）指出这些结果印证了一个重要的物理方程，即"玻色—爱因斯坦"分布。事实是唯一影响结果的变量是前一周的结果，这意味着电影行业是一个平衡"秩序"和"混乱"的复杂的自适应系统。

03

普及，而非稀有：
丰富产生的价值

普及（plentitude）而非稀有，统治网络，使网络经济得以超负荷重复运行。复制品、再造品大规模出现。无论什么，都应该被大量制造。普及的作用包括：

◎驱动价值；

◎能开启封闭的系统；

◎创造海量机会。

就拿1965年第一台打败传送带的现代传真机来说，尽管它的研发耗费了数百万美元，却还是一文不值。第二台传真机的出现即刻就使第一台传真机身价上涨，使传真有了市场。于是传真机就形成了一个网络。后来出现的每台传真机就会为之前所有已经运作的传真机增值。

这就叫作"传真效应"。传真效应蕴含的就是"普及可以制造价值"的道理。

普及的强大力量在于任何购买传真机的人都成了传真网络的传播者。拥有传真机的人问："你有传真机吗？你应该去买一个。"为什么？因为如果你也购买了，那么他们所拥有的传真机的价值又得以提高。并且一旦你成为传真网络中的一员，你也会开始与他人交流："你有传真机吗（或者邮箱，或者Acrobat软件等）？"每当你可以说服的额外的账户加入网络便可以大大增加你的账户价值。

当你买一个传真机时，你买的不只是一个200美元的盒子。你的200美元买的是包含世界上的其他传真机的整个网络及它们之间的联络，这个价值远比单个传真机的价值大得多。诚然，第一台传真机耗费几千美元并且只与很少的其他机器有联系，所以看起来并不值得。然而今天，花费200美元买到的传真网络可以价值20亿美元。

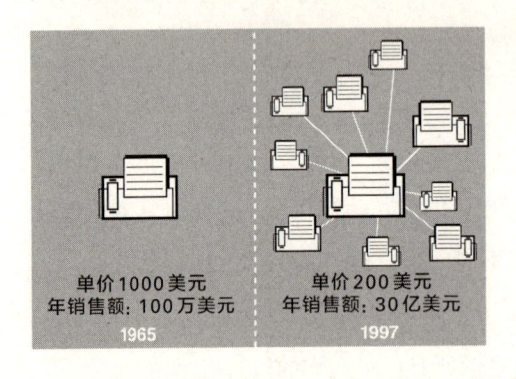

今天以较低的价格买到一台传真机可以带给你整个与之相连的包含了1800万台机器的传真网络。每卖出一台机器就能让你的机器增值。

单价1000美元
年销售额：100万美元
1965

单价200美元
年销售额：30亿美元
1997

在网络经济中，数量越多越充分，价值也越高。

这个概念与工业时代遗留下来的两个基本公理相抵触。第一个，久远却仍然适用的公理——稀缺价值。工业时代财富的标志——钻石、黄金、石油和大学文凭。这些东西因为稀缺而变得珍贵。

第二个众所周知的公理是：当事物数量变得充分饱和时，它们就会贬值。比如地毯就是这样。它们曾经是在富人的房子里才会存在的罕见手工制作品。当它们可以靠成千上万的机器编织而成时，便不再是地位的象征。这就是所说的饱和法则：数量的增加会降低事物的价值。

网络的逻辑颠倒了这条工业准则。在网络经济中，价值来源于普及，就像传真机的普及会增加传真机的价值一样。能量来源于数量的充足——副本是便宜的，就让它们繁殖吧。

自从古登堡发明了西方活字印刷起，西方人开始意识到无形的东西也可以轻易被复制。这降低了每副本的价值。而增值的是副本之间的关系，使它们在网络中相互关联。即使参与者数目增长很少，关系的价值也会直线上升。

Windows、NT、传真机、TCP/IP 通信协定、GIF 图像、Real-Audio——都离不开网络经济，并且证明了普及带来增值的逻辑。这个逻辑在度量扳手、AAA 电池和其他依靠通用标准的设备上也同样适用。

它们越是普遍平常，越是离不开此准则。在英语语言中我们还能找出更古老的例子。当制作另一个复制品的费用极少的时候（这多发生在软件领域），标准和网络的价值就会激增。

未来，每生产一件复制品，其成本就会陡然下降。全世界的棉衬衫、维生素瓶子、电锯和其他国家的产业都会服从规模效应。

工业系统并不复杂，因此，专有的或封闭的系统几乎未曾出现。随着高科技的发展繁荣，专利的出现让副本的制作变得很困难。专利的发明者可以坐享其成。几十年前信息经济开始崭露头角，人们的梦想便是拥有或操作一个无法复制的专属系统，这样就可以坐等盈利了。至少在短时间内，如果这个系统有明显的优越性，那么坐等盈利在某种程度上肯定是可行的。华尔街交易员办公室的彭博终端机就是一个实例。但在网络经济下，充分原则下开放的系统带来的益处会比这种专利的封闭系统所获收益更多。现在将苹果公司的不幸归咎于其坚持其操作系统的稀缺性有些过时，但也算实话实说。苹果公司有很多机会可以将它的美观的界面与现在流行的桌面和微软设计相结合，但是每次都无果。苹果系统最终必然会被相对更开放的磁盘操作系统和微软系统所吞并。

我们都知道系统的初期阶段的确需要封闭和隔离，但是要积累更多的财富是需要对外开放的。花旗银行在20世纪70年代最先开始使用24

小时即时取款的自动取款机。它们凭借自己的专利机器覆盖了整个纽约，起初这个策略是非常成功的。然而规模较小的银行也开始使用它们自己的小型自动取款机网络，即便它们还无法与花旗银行机器的高普及率抗衡。接着，美国化学银行领导建立了一个叫作Plus的自助取款机开放联合系统，将这些小的银行绑定到一起。团结的力量开始发挥作用。人们可以使用任意一台自助取款机取款。花旗银行拒绝加入Plus开放网络的邀请。根据收益递增原则，这个方便的Plus系统吸引了越来越多的用户，并且很快超过了当初占主导地位的花旗银行所用的系统。最终花旗银行也不得不放弃自己的专利并加入Plus联合网络中。

每当一个封闭系统开放，它就开始更直接地与其他系统交流，于是也得到了这些系统所带来的价值。

在20世纪80年代中，我与一个叫作Well的先进的在线社区联系过。拨打Well的特殊解调器并注册后，你就可以在Well上与想要找的人聊天，发布消息，发邮件。起初它一共有2000多个用户。在Well注册后短时间内即人气暴涨。并且在当时互联网都还不太健全的时候，它还启动了邮件服务。在2000多个人的见证下，Well的价值猛然上涨，因为人们可以给上千位教授或者公司的上班族发邮件。几年后，Well又开通了一个名为TP的系统，它可以使用户将网络上其他服务器的文件拿到Well上来用。于是，Well的价值又一次猛涨，它通过FTP网络这一小小的努力就收获了巨大的成功。最终Well还开放了更多功能，用户可以通过网页参与对话，进而又得到了网页的价值。

Well每一次进步都是要付出代价的。每多得到一些同时也会失去一些。如失去对环境的控制，受到更多的噪声影响，被意外或黑客攻击，增加了更多对商业模型面临崩溃的担忧。与此同时，人们明显感觉到，如果Well仍是完全封闭的，它恐怕早就消亡了。

普及效应的概念是要创造某种由尽可能多的系统和标准来管理它的事物。一个事物接触的网越大，它的价值就越大。

无论是一个发明、一家公司或者一项技术，随着它参与的系统数量呈线性增加，它的价值也呈指数级增加。

规模效应并不是要去支配。从普通企业的自身利益出发，可以保证世界上每家公司都努力把它的产品送进每个家庭或每个商店。普及是最古老的目标，但这也不是网络规模想要达到的目标。

网络经济的基础，是机会的丰富。

世界上每一个额外的电子邮件地址的增加就会为以前所有电子邮件地址增值（这是充分原则的主要效应），因为每个电子邮件地址是联络网的节点，而不仅仅是一个部件。一个邮箱地址不只是交换备忘录的方法，因为电子邮件植根于网络，机会在几个方向同时产生。比如，一旦邮箱地址可以被轻易地存档（机会1），那么某人就会想到可以自动地将这些地址收藏起来（机会2），也可以被大批量地发送邮件（机会3）。地址的主导部分可以被分析并且用来检测应用模式（机会4）。这些地址可以让通讯录的地址自动更新（机会5），地址本身可以包含名字以外的东西，在某些情况下可以发现它的主人希望与别人交流的兴趣所在（机会6）。

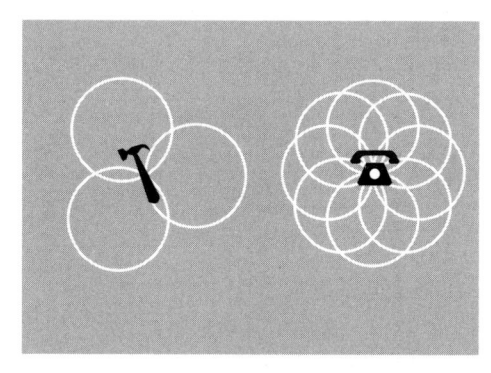

锤子只能将少数网络连接起来，而电话则能将大部分的网络连接起来。产品或服务若能加入越多的网络，它就会变得越强大。

用任何一件工业时代的产物来对比网络经济的关联性带来的丰富机遇——比如一个电动旋转锯、不褪色的染料，或一把枫木椅子，尽管这些物品有一些别的用处（椅子可以当作踏脚凳或者将门砸开，而电锯可以用来带动钻头）——它们几乎都局限于设计时的用途，我们从中也看不到太多其他闪光点。因此，即便我们随处可见椅子、染料和电锯，但它们仅在数量的多少方面有所区别，很难给世界带来多大的改变。

传真机效应的感染力——越多的传真机投入使用，便越能增加原有传真机的价值——并不依赖于松下牌传真机或其他机器的增产。由于大部分传真都从计算机或某处的服务器发送出去，价值增长的推动力就源自各种机会，而非物体本身的数量。

随着机会的增加，意想不到的用途便出现了。在20世纪70年代末，伊朗国王把他的政敌霍梅尼流放到了法国巴黎。由于国王控制着全国的媒体，他认为霍梅尼没法从法国来煽动本国人民滋事。然而，拥护霍梅尼的伊朗神职人员找到了一个令人意想不到的技术性机会——盒式磁带。每星期，霍梅尼的好友都会用廉价的录像机在巴黎录下他颇具煽动性的演说，并翻录（很容易伪装成音乐磁带）走私回伊朗，仅靠价值200美元的翻录机就让录音带达到了成倍的数量，并流传到每个清真寺。每周五，霍梅尼的说教便会通过收录机传遍整个伊朗。神职人员就这样将普通的磁带变成了一个广播网络。我敢肯定，没有任何一个发明盒式磁带的工程师曾经想过把它用作广播。电子媒体正是因为以电子作为生产的原动力，才更容易被赋予新的用途。

曾经，Sprint是最先为手机资费定价的电信公司——只需交固定的月租费就能无限制地通话。在这期间，Sprint的营销专家收到了令人震惊的报道，人们将手机用作婴儿监护器。父母会带着手机进入宝宝的房间，然后拨通自家厨房的电话，在离开后就让电话一直接通着。多么英明啊！

一项技术拥有越多的互联性，就能产生越多的使用和滥用。

某些一直很成功的电视游戏就是运行在早期计算机（如Commodore 64，简称C-64）里的精致小程序。在20世纪80年代初，C-64计算机卖出了数百万台；而如今它们大多都被用来压箱底了。过小的内存和磁盘空间的不足让它们很快被笔记本电脑取而代之。为数不多的仍在使用的C-64计算机也以收藏价格被卖出。然而谁也料想不到，网上却出现了一个个模拟器填补这一空缺。你可以下载一个C-64模拟器在你的Powerbook上。点击按钮后，就会将你最先进的计算机变为一个迟钝的C-64计算机（或任何一个25个经典型号之一），这样你就能玩古老的《月之尘》或《吃豆子》游戏了。这就等同于在你法拉利的仪表盘上装上一个开关，让它瞬间切换为一辆老爷车。

这些充满高科技的令人耳目一新的自由玩法便得益于普及的交互作

用。工业经济的产物缺少这种让人眼前一亮的潜力。另外，网络经济是寻求新产品和革新的聚宝盆。事实上，在网络经济里，只有抓住已经存在的机遇才能出现新的机遇。一个成功占据商机的企业，会立即为其他企业创造出至少两个新的拓展领域。例如，能够在电子邮件中分到一杯羹的公司是没有止境的；越是实现一些疯狂的想法，就越能创造出新的更为疯狂的想法。而垃圾邮件发送者和读者之间的不协调仅会存在于电子邮件的起步阶段。

普及效应最能从此得以准确诠释：在网络里，把握的机会越多，新的机会就能越快地出现。

此外，抓住现有的机会能让新机会的数量成倍增加。网络所具备的无限活力是通过事物与事物之间的联系建立的，它能增加潜在关系的数量，而从这些关系里便能得到产品、服务和无形的资产。

一个孤立的事物，无论怎样精心设计，产生新亮点的潜力都很有限。一个与网络相连的事物便是一个节点，它能以某种方式与其他节点相互作用，从而产生上百种独特关系，而这一切在没有连接的情况下是无法实现的。这些复杂的连接相互作用从而产生出无数个新机会。

网络是一个充满各种可能性的工厂。

网络经济中存在惊人的丰富机会，对发展前途的限制性因素可能仅在于我们不得不面对几近无限的选择和层出不穷的可能。要在充满选择的海洋中稳健前行非常困难。在美国，一般的超市就能提供3万至4万种产品。一般的顾客会在店里逛21分钟，在这4万种商品中选出18件。这种决策速度真是了不起。但与网络上发生的事相比，这都算不上什么。网络上拥有上百万个检索网站，包含2.5亿个网页。要从这无尽的资源中找到合适的网页是令人惊叹的，而网页的数量每年都会翻番。要处理如此丰富多样的内容是至关重要的，因为全世界生产出来的东西全都混在一起。整个世界包含的信息——算上所有的图书馆、影片库和数据档案——估计有2000PB字节（1PB等于10亿MB，相当于这本书的电子版大小的10005倍）。那确实是相当大量的字节。

这一数量很快就到达一个天文数字。从数学上我们知道，系统包含非常多的部分，而小于一百万个部分的系统表现方式会显著不同。天文数字是表达一种超级丰富的状态，其中也包括上亿的部分。网络经济就包含了不计其数的部分——无数的物品、无数的文件、无数的程序、无数的网络节点、无数的连接和无数的组合。"无数"的概念更多地存在于生物学里——如一直以来已有的不计其数的基因和有机体——而我们在制造加工中很难见到。在生物学里，我们知道如何处理这些"无数"。而在现实生活中，我们也要效仿生物学去处理它。

网络经济通过它的丰富多样而运行自如。这极大地扩大了事物的数量，轻而易举地增加了无形资产的数量，以指数方式扩大了连接的数量，并创造出了无数个新机会。

策略

尽可能多地接触网络。因为网络经济中任何一个动作的价值会随着网络的传播呈指数级增长，这就需要你尽可能多地接触其他网络。这就是充足性。你需要最大化自己或自己相关的服务或产品。试想你的产品是一个惰性的东西，比如刚刚从工厂生产出来的一枚门钉。网络经济的目的是要把这枚门钉尽可能多地联系到其他网络。你希望让它满足承包商的要求，就需要把它做成符合标准气压射钉枪的大小。你想要给它一个SKU的名称，以便零售网络可以进行处理。再配上一个条形码，它便能通过激光读码系统售出。接着，你想加入一点硅片在里面，以便让它能在门被弄坏时发出警告，并成为智能住宅网络的一部分。这枚门钉每加入一个别的系统中，它的价值就在不断增加。最终，整个系统的每个部分都能在这一钉一铆中升值。

而这里仅仅是一颗铁钉的好处。越复杂的物体和服务就越能渗透到更多的系统和网络，从而大大地提升自身的价值，也同时让它们介入的系统价值得以提升。

最大限度地给予别人机会。在你工作（和个人生活）的每方面试着让他人在你成功的基础上取得成功。如果你在经营一家酒店，你能为别人——航空公司、行李零售商、导游——做些什么让它成为你发展的一部分？不能把它们看作依赖于你的成功的寄生产业，或者更糟地看成一种掠夺。你要明白这些联系都是相互支持的。你需要吸引别人来以你为中心提供新的服务，或附加到你的产品中，甚至如果是一个有新意的想法，就让他合法地模仿你。这乍一看是违反常理的，但它是符合网络逻辑的。一块虽然小却能不断变大的馅饼才是最大的。软件最初就以这样的方式发展着。那个发明《毁灭战士》这一热门游戏的程序员故意把它做得易于修改。其结果就是：成百的玩家都开发出比原版的《毁灭战士》更好玩的衍生游戏，但这些游戏都需要在《毁灭战士》的系统里运行。《毁灭战士》得到迅速发展，而它的衍生游戏也发展了起来。在软件经济中有很多这样的例子。电子表格、文字处理和浏览器的第三方模板都从第三方的零售者及主机系统开发者那里获利。只需稍加想象，就能看到这样的杠杆原理如何作用于软件以外的其他领域。当你走到一个岔路口时，如果其他条件都差不多，就选择一条能给别人也带来机会的路走下去。

不要囤积商品，让它们流动起来。复制任何东西的成本都会不断下降。正因为如此，主要的花费应该用于开发第一个产品并时刻保持关注然后使它引起人们的注意。此后就没有必要庇护大多数产品了。相反，应该尽量让它们流动到市场里去。让我们从药品学，特别是遗传生物工程药物入手来说，药店里一个小药丸的价格会比批量生产的成本高出几百倍，但许多药品以高价卖出，只是为了收回研发时的成本。制药公司把它们的药品当稀有物品一样来定价。然而，我们可以预见，在未来，当药物研发变得更加网络化，更为数据化以及拥有计算机的支撑，而药物本身变得更智能，更有适应性和活力时，只有让药品的"复制品"大批扩散的公司才能赢得优势。比如，一种高端的生物工程的头痛药会因为"需要多少吃多少"的观念而售价几美元。但当你想要买专门根据你的DNA和身体状况研制出的药品时，你就需要支付高昂的价格了，而药物公司也会获利不少。一旦设计完成，你再需要补充时，所付的费用就会极少了。事实上，已经有个别生物技术公司开始朝这个方向发展了。这一领域叫作药物基因学，这便是响应了规模效应的号召。

避免专利系统。封闭的系统早晚都需要开放，否则只有灭亡。如果一个线上服务需要拨通一个特殊的号码才能使用，那它很快就会灭亡了。如果它需要一个特别的小装置才能读取，那么它也过时了。如果它不能将技术分享给竞争者，那也会是一个失败者。封闭的系统会屏蔽给他人的机会，也会使杠杆作用的支点变得稀少。这就是为什么网络经济——偏向于多样性——避开了封闭的系统。人们可以大胆地预计，美国在线、WebTV和微软网络（MSN）——三家仍旧有些封闭的系统——会最终选择完全开放，或者走向灭亡。封闭与开放的关键问题并不是私密与公开，或者谁拥有系统——通常，私人所有权常常更能鼓励创新；问题在于是否便于让其他人在你的发明上进一步创新。这一战略性问题很简单：它有多容易让该公司以外的人对他们的系统、产品及服务做出贡献？加入你的网络的机会是很多还是比较稀少？

不要依赖物以稀为贵的想法。每个时代的标志性的财富人物都是那些发现新的稀缺物的人。显然，网络经济也会有它的稀缺点。但更大的财富会需要不断扩展它的丰富性得以实现。为了确保你没有依赖"物以稀为贵"的想法，请问一下自己这个问题：如果你的发明变得普及，它能变得更兴旺吗？如果它的价值依赖于只有少数人在使用它，你需要依据新的规则重新审视一下了。

04

追随免费之道：
唯有慷慨才能在网络中胜出

最好的商品越来越便宜。生活中，我们对这条准则如此习以为常，以至于在享受它带来好处的同时，并不觉得有什么了不起的。然而，它应该被当作一个了不起的现象来看待，因为正是这个悖论推动了新经济。

工业时代前，消费者预期质量稍高一点的商品，价格也会稍高一点。多年以来高质意味着高价。但是，在工业时代，随着自动化、低价能源的到来，生产者得以改变原先的预期：他们以更低的价格提供更优质的商品。第一辆汽车产于1906年，仅仅4年后，汽车的平均价格下降了24%，而质量却提高了31%。到了1918年，汽车的平均价格比起1906

年的时候低了53%，性能表现提高了100%。不可思议的高质低价发挥了作用。

微处理器的问世加快了这个过程。信息时代，消费者能够在更短的时间内体验到质量一流的商品价格快速地下降。对于购物者来说，一条明智的建议是：使用前一分钟再买也不迟。确实，一位交通专家告诉我，在信息时代，几乎没有东西通过海运来发货，都是通过航空来发货，以避免产品在运途中降价。

根据经济学家刻画的价格下降曲线，价格下跌是确定无疑的。随着单位生产次数积累发挥效应，无论是钢铁、电灯泡、飞机、花盆、保险政策还是面包，制作它们的成本都将随时间下降。一个行业生产得越多，积累的经验也就越多，成本也就越低。有时，我们把价格下降曲线称为学习曲线，它是由有组织的学习所推动的。尽管每个行业略有不同，不过通常而言，产量增加100%，单位平均成本将下降20%。

聪明的公司利用学习曲线。非常聪明的公司通过各种手段增加产量来加速学习曲线。由于增加的回报能够极大地刺激需求增长（数月内就能翻番），所以网络效应会加大价格下降曲线的斜率。

计算机芯片使学习曲线进一步复杂化。性能更好的芯片使商品的生产成本降低，就芯片本身而言也是如此。工程师直接或间接地利用计算机的优势创造出下一代性能更强的计算机，这提高了芯片制造效率，降低了芯片价格。然后，所有商品的制造效率又都得到了提升，价格更加便宜。

这种反馈环路充斥在网络中。海量的人和机器在重叠的反馈环路中相互连接起来，形成良性的循环。一、二、三、四……越加越多。

◎知识传播使计算机更加智能。

◎计算机更智能，生产线也就随之智能化。这使包括芯片在内的产品生产成本降低，性能更加完善。

◎便宜的芯片为创立一个竞争性企业提供了便捷；同时，竞争加剧、知识传播又进一步压低价格。

◎低价之道在行业内迅速扩散，反过来又使得芯片和通信工具更加物美价廉。

这是一种良性循环。结合芯片强大的力量，汽车、衣物、食物等，凡是它触及的东西无不中其魔法。价格下降、质量提高在所有商品上都能看见，并且这种趋势来得很迅猛。例如，1971年到1989年，一个标准17立方英寸（1英寸=2.54厘米）的冰箱价格（按美元实际购买力计算）下降了1/3，而节能率提高了27%，并且具有更多的功能，如制冰。1988年，美国无线电器材公司（Radio Shack）一款移动电话标价为1500美元，10年后它推出移动电话标价仅为200美元，且性能更好。

产品增值中的大部分都源自芯片。在网络经济中，尺寸更小的芯片结合网络爆发式扩张，创造出新的财富。正如我们利用重复学习创造了微处理器革命一样，我们正在利用同样的放大环路创造全球交流革命。现在我们可以利用网络的优势来直接或间接地发展互联网交流。产品质量以这样的方式反馈循环，让我们见证了跳跃式的变化，这就是新经济。

几乎自1971年诞生起，微处理器就经历了急剧的价格下跌。芯片价格的急剧下降被称为摩尔定律，它是以网络工程师戈登·摩尔的名字命名的。摩尔是发现计算机硬件行业里价格与性能反比例发展现象的第一人。摩尔定理认为，每18个月计算机芯片的价格就能下降一半，或者计算能力增加一倍。如今，电信行业也在经历这种变化，而且更为剧烈。主干网带宽的这种下降曲线被称作吉尔德定理。激进的计算机理论家吉尔德曾预言，"未来10年内，主干网带宽每12个月会增长两倍。"这个预言如今也已经实现。

不断升级的通信速度，缩小得像软心豆粒糖一样的芯片的价格不断降低，这使得吉尔德断言，上网将趋于免费。他认为每一比特的传输费用将趋向为零，但由于费用下降，我们会消费更多流量，每月通信费用（以美元实际购买力计算）可能保持稳定。

每比特的费用对消费者来说会接近免费。成本的变化逐渐近似一条渐近曲线。这条渐近曲线不断趋近于零，但永远不会到达零。这类似于芝诺悖论：一个人从A点走到B点，要先走完路程的1/2，再走完剩下总路程的1/2，再走完剩下的1/2……如此循环下去，永远不能到达终点。渐进线的轨迹与之类似，这种不断接近于免费的状态让人感觉好像不用花钱。

价格不断趋近于免费，因此，网络经济里的最佳策略是先人一步推行低价。

可以预见新经济将带来低价时代，抓住先机就能创造财富。利用低价原理最经典的故事之一是信息时代的创世大爆炸改革，半导体晶体管就是在那个时代诞生的。

20世纪60年代早期，罗伯特·诺伊斯和他的伙伴桑德斯向军方出售一种叫作1211的早期晶体管。桑德斯是美国快捷半导体公司的创始人。诺伊斯制造每个晶体管的成本为100美元。快捷半导体希望向美国无线电公司出售晶体管来获得超高频电子调谐器的使用权。那时无线电公司使用高档的真空管，成本仅为1.05美元一个。诺伊斯和桑德斯信奉学习曲线的成本下降理论。他们知道随着产量增长，晶体管的成本会下降，甚至低至1%。但为了做成第一笔生意，他们需要在没有产量的情况下马上降价。所以，他们大胆地抢占了先机，一开始就把1211的价格砍到1.05美元，甚至当时都不知道如何做。桑德斯后来回忆道："我们制造芯片的工厂还不知道在哪里，运用的程序也还未开发，但关键是，下星期我们将报出1.05美元的价格。我们的市场在未来。"后来他们成功了。通过抢占便宜先机，他们实现了1.05美元报价的目标，占领了90%的超高频市场。两年后，1211的价格降至50美分，但仍有利可图。

在网络经济中，不仅仅芯片和带宽的价格渐趋于零，计算成本也是如此。计算的成本常用百万次每秒每美元来衡量。交易成本同样也趋近于零。信息本身的价格（如新闻头条、股票报价）也趋近于零。实时股市报价曾是昂贵的内部消息。最近，股票报价的可得性极大增强，发布这些消息时，必须遵守每只股票的报价"格式"，以便用常见的几种浏览器都能阅读。

所有能被复制的东西，无论是实体的还是虚拟的都遵守价格下降曲线，即质量提高而价格下降。

虽然汽车的价格永远不会免费，但每英里的行车成本将向免费靠近，不断下降的是每美元能买到的功能。这个差别很重要。虽然功能成本向免费靠近，但支出金额可能保持稳定，甚至增长。费用低了，我们会出门更多。计算费用下降，我会做十亿次更多的计算。

开始万物互联吧。你所能订制的所有普通电话业务，要是不带花哨的附加服务，基本上很快会免费。但是，随着消费者更多地享受近乎免费的服务，他们很快会订制附加服务和高端服务。首先，每个房间都会安装电话线，然后你的汽车也会安装电话线，接着使用移动电话，再然后，你家庭中的每个人都开始使用移动电话。随之而来的是接听电话服务、电话转接、呼叫等待、来电显示、传真和调制解调器。接下来，所有的电器和其他物体都能联网，收银机、信用卡读卡机都会装上开发线路。接踵而至的还有安全线、综合业务数字网（ISDN）、异步数字用户专线（ADSL）、去电号码隐藏、垃圾来电阻止、定制电话号码、便捷式个人号码、语音邮件分类等。（而这些，大部分已经实现。）

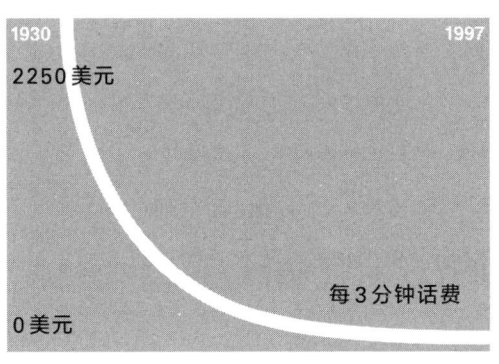

吉尔德法则认为每单位比特的传输成本将比之前下降得多。最终，打电话、传输1比特的成本将降至零。

1930 2250美元
1997 每3分钟话费
0美元

　　电话的疆域不断扩展。电话发明之初，人们对它有许多不解，不知道它在商业上究竟有什么用处。一些人认为它能把音乐传到家里。但甚至最热心的拥护者也没有想到一户人家会安装5条电话线（我家里就是这么做的）。科技本身激发了人们想要汽车电话、来电显示的欲望。

科技创造需求，然后提供供给。

这与任何一本经济学教材在介绍章节中所描绘的供给与需求概念都非常不一样。传统的供给—需求曲线简单地认为：随着资源被消费，它的制造成本会更高。例如，在黄金的开采中，易开采的块金首先被发现；但是，为了覆盖从25吨的金矿中提取微量的黄金的成本，需要更高的金价来作为支持。因此，供给曲线是向上倾斜的，价格随着供给的增加而增加。相比之下，传统对于需求的理解认为供给越多需求就越乏力。如果你周一、周二、周三都吃龙虾，你对周四再一次吃龙虾的兴趣就会减弱，愿意为之付出的钱也就减少。因此，需求曲线是下降的，价格随着供给的增加而下降。

在新规则下，由于充裕法则发挥作用，免费大行其道，两个曲线都翻转过来。麻省理工学院的经济学家保罗·克鲁格曼说：你可以把整个网络经济总结为"在网络经济中，供给曲线向下，而不是向上倾斜，需求曲线向上，而不是向下倾斜的"。资源被消耗得越多，对它的需求就越大。供给端也是逆向的。由于重复学习、积累经验的作用，我们制造某样东西的次数越多，再次制造它时就会变得越简单。刚好和经典教科书所描述的相反。

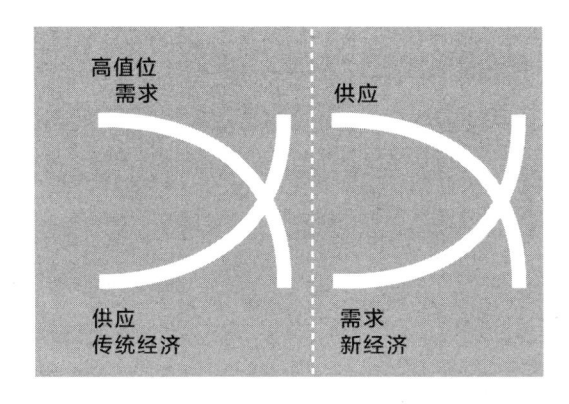

高值位需求	供应
供应传统经济	需求新经济

在经济学教科书里，产品的供给随价格的上升而上升；在新经济下，供给随着价格的上升而下降。

由于供给曲线加速上升，需求曲线加速下降，新的供需曲线表明它们将在越来越低的价格位置上相交。我们已经见识了商品和服务的价格不断向免费靠近。隐藏在曲线背后的是一个重要的不可思议的现象。供给和需求不再是由资源的稀缺性和人类的欲望所驱动。现在，两条曲线都是由一个共同的爆炸性力量所驱动——科技。

知识和科技同时扩张，推高了需求曲线，压低了供给曲线。这股强大的力量同时推动两条曲线。

科技使价格下降的作用很容易理解。正如本章开头所说的一样，价格下降早已发生，现在有所加速，我们知道这种趋势的结果：低价大行其道，消费者庆祝。但是，在供给端的公司该怎样从下降的价格中谋利呢？在科技和知识的作用下，需求上升的速度快于价格下降的速度。需求曲线和供给曲线不同，没有渐近线来约束它。人类需求和人类欲望的极限在于人类的想象，也就是说，实际上来看是无限的。运输费用下降得越快，汽车、飞机、火车这些"必需品"所含的服务、创新也就越丰富，它们的质量也就能得到提升。

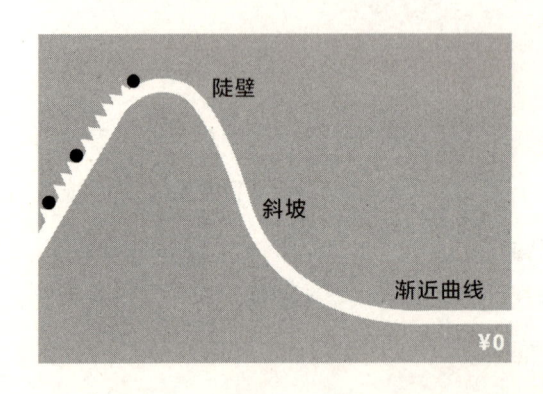

任何能被复制的东西，价格都将趋近于零。尽管价格永远不会达到零，它会沿着一条渐近线不断趋近于免费。

随着时间的推移，任何产品的价格都会沿着趋于免费的单行道一路下滑。首先越过逆向定价曲线的峰，然后沿着曲线不断趋近于零。由于网络经济网罗了几乎所有产品（从手机到沙发），它们的价格都会沿着逆向定价曲线下滑，且下降速度是空前的。

我们的任务是制造新产品，然后推进其降价。简而言之，要以比商品化更快的速度来发明新产品、新服务。

这在网络经济中不难实现。在网络经济中，思想不断交汇，人们的关系更加紧密地联系起来，合作灵活多样，新节点快速地产生出来，这些都有利于新一代产品和服务的诞生。

人工产品和服务被快速地创造出来，就像昙花一现的气泡。我们不能阻止气泡破裂，我们只能制造出更多的气泡。

随着商品和服务越来越丰富，它们也变得越来越有价值；随着它们越有价值，它们变得越便宜。那么这个逻辑的自然延伸就是：最有价值的东西应该是那些普遍存在的而又免费的东西。

在网络经济中，普遍存在的东西推动了报酬递增。问题是，要达到普遍存在，成本最低的方法是什么呢？答案是免费。

确实，我们看见很多创新型公司在新经济中遵循着免费原则。微软赠送它的互联网浏览器。美国网景公司赠送浏览器，开放有价值的源代码。出品Eudora（一种流行的电子邮件程序）的美国高通公司把这个程序作为免费软件来赠送，以便于销售升级版本。年销售80亿美元的出版社汤普森在网页上免费向投资者提供之前高价出售的金融数据。麦咖啡每月都免费提供大约100万份杀毒软件。Sun对外开放Java应用程序开发语言，发起了一个Java应用程序开发员小型产业，股价应声上涨。

你能想象在20世纪40年代，一个年轻的总经理向董事会建议免费发放第一批仅有的4000万个产品吗？（50年后网景就这么做了）他可能马上会被解雇。

但是现在，在网络经济下，赠送是一种经得起考验且明智的商业策略。由于庞杂的网络知识逆转了定价法则，使得产品复制品（有形或无形）的边际成本几乎为零。网景花费了3000万美元使第一个网景导航员（浏览器名称）的复制品得以发货，但是发出第二个时，只花了1美元。网景导航员复制品每多卖一件反而会增加之前卖出的复制品的价值，所以随着价值的增长，人们对它的需求量就会越大。这使之前一开始的赠送在经济上说得通。一旦消费者对产品的依赖性得以确立，公司就可以提供附加服务、升级服务。赠送能不断地把消费者吸引到这个良性的循环中。

你可能会认为这种力量只作用于软件，因为软件的边际成本几乎接近于零（软件可以在网上发行）。不过，"低价免费"是一个普遍的准则。硬件一旦联网之后同样会遵循这个准则。为了销售手机服务，手机成了赠送品。Drect-TV天线装置也可能由于同样的原因而赠送。这个准则适用于任何物品，只要联网带来的收益超过不断降低的边际成本。

虽然听起来很疯狂，不过，未来几乎我们所制造的所有东西都将免费，包括冰箱、滑雪板、激光投影仪、衣物等，随便你说。不过，只有当它们装满芯片和网络节点，能够产生网络化所带来的价值后，这才行得通。

一个很自然的问题是，在低价免费面前，公司该怎样幸存？下面三个观点会帮到你。

第一，把免费当作定价的终极策略。渐进式的免费会把价格不断朝免费推进。虽然永远也达不到，但是要把系统运作得像已经达到了一样。非常低的价格具有和完全免费一样的效果。

第二，核心产品免费的同时，高价出售其他服务。因此，Sun开放Java应用程序开发语言来帮助销售服务器。网景赠送浏览器来帮助销售商业服务器软件。

第三，也是最重要的一点，遵循低价免费是为一项服务或商品最终免费做预演。在你所建立的商业模式下，产品应该类似于免费产品，这也预示价格未来波动的方向。因此，世嘉株式会社掌上游戏机虽然还不是免费的，但它通过不断地降价出售来加速达到它最终的终点——赠送。

"低价免费"的另一个作用是吸引眼球。

在富足的世界里，唯一稀有的资源是人类的注意力。

正如诺贝尔奖获得者赫伯特·希曼（Herbert Siman）所说："信息消耗了什么很明显，它消耗了接收者的注意力。大量的信息稀释了注意力。"每天，新经济都会产生数百万个新发明、新机会，而每个人一天只有24小时来分配给它们。赠送吸引人类注意力或思想份额，然后转化成市场份额。

低价免费策略也在其他方面起作用。如果低价免费是增加商品价值的一个方法，那么许多现在免费的东西都隐含着未被发现的价值。通过在新领域追寻免费，我们可以预期新财富的爆发。

在网络早期，这个未知领域的第一个索引系统是由学生所写、免费发放出去的。这个索引帮助人们把注意力集中在数千个网站中的几个上。网站管理员为使他们的网站吸引注意力，也都帮助建立这个索引。因为它们是免费的，索引变得无处不在。它们的无处不在很快增加了它们的价值，帮助股东和其他许多网站发了财。

有什么是现在免费，以后会带来财富的呢？今天哪些地方是先慷慨后财富的呢？下面是一个简短的在线候选名单：汇编、向导、目录编制、疑难解答、远程实时摄像头、头版网页新闻和许多机器人程序。现在就免费吧，未来某天，围绕上述领域都会有能依赖卖附加服务赚钱的公司产生。汇编、向导、目录制作都不是可有可无的服务。在工业时代，一本汇编《读者文摘》是世界上阅读最广泛的杂志；一本向导《电视指南》比起它向读者介绍的三个主要网站更赚钱；一本百科全书《大英百科全书》最初是由业余者编写的对百科知识进行纲要式的记载——有些类似于在线答疑。

从基础功能到商业化并非一蹴而就。想要达到普及就必须经过众人分享。

我们越来越多地看到科技通过广告进入商业化阶段。人们在共同努力下，花费数百万小时生产数万个产品，而这一过程并不发生金钱交易。整个社会都遵循低价免费准则！刘易斯·海德很久以前把它称为礼物经济。礼物经济的中心任务是保持礼物的传递。通过社会债务、物物交换、慈善，礼物循环从而产生了快乐和财富。

早期的互联网和网页展现出强大的网络经济。文本和专业知识（如答疑）和服务（如网页设计）都出现了交换、分享甚至直接捐赠的现象。人们交换消息，分享内容，交换代码。长期以来，在线获取的东西都是通过礼物经济实现的。在网络兴起的前1000天里，数万个网络管理员创造了45万多个网站、数千个虚拟社区和1.5亿页的知识产权，大部分都是免费的。全世界3000万人访问了这些原始网站，一半人每天都会访问，每天平均逗留时间为10分钟。从任何指标来看这都是巨大的成功。过去，没有其他媒体在早期成长中经历过这种辉煌。

谈及免费消息和虚拟社区，商业人士总是很不屑，认为它是一种年轻的新时代理想主义。它可能是理想化的，但是这也是在新天地里建立商业经济唯一理智的方法。全球企业网的斯图尔特·布兰德说："现在网络最主要的事件实际上是它缺乏一个明显的商业模式。"

当新经济的一个部分经过了初期商业模型阶段后，就会发生与"公地悲剧"（tragedy of commons）刚好相反的事情。"公地悲剧"里，没有人为公共牧场过度使用负责，而公共牧场维系着整个社区的生计。在低价免费经济中，维护公地似乎比商业化更重要，每个人都打理公地，因为没有人能独自从中谋生。在这片"普遍胜利公地"上，复杂的软件和其他你能购买的东西都是免费编写、免费调试、免费获得支持、免费修改的。

Apache是用来运行网站的最为流行的软件。它不是网景、微软或其他任何一家公司的。Apache由网络志愿者编写，占有47%的市场份额（微软有22%、网景10%）。它是免费获得的，麦当劳的网页就是由其开发的。由于"普遍胜利公地"适用于完全开放的产品，所以Apache日臻完善，每个人都可以运用Apache软件资源，并且能够修改它。美国太阳微系统公司的首席科学家约翰·盖奇说："如果源代码是开放的，每个人都是你的工程师。"

最流行的网络服务器工作站操作系统不是由任何公司开发的。它是一个叫Linux的兼容多功能的程序，最初是由李纳斯·托沃兹编写的，可以免费提供。数百名软件工程师自愿以建造中世纪教堂的方式，运用他们的专业技能不断改善Linux，并且免费提供。除Apache、Linux以外，还有许多其他免费的软件包，如Perl（实用报表提取语言）、X-Windows，都是由网络程序员所维护的。这些工程师并不会得到实际的报酬，回报给他们的是：比起购买来更好的产品，能够根据实际需求来修改的程序；比起闭门造车能得到更好的工具；并且因赠送而获得更高社会网络价值的工具。

数万个五花八门的程序在网络上都是免费的。这些共享软件的模式都是相同的。下载你喜欢的任何软件，然后试用，如果你愿意，可以给开发者捐一些钱。数十个创业者都通过在这种商业模式下购买商品赚了数百万美元。逐渐地，普遍存在胜利压倒正统的商业模式。

正如斯图尔特·布兰德所说的，发生在物产丰盛的新兴互联网的主要事件就是商业模式的缺失。礼物经济是参与者预演低价免费抓住便宜机会的一个方式。这也是对整个商业模式进行整合的一个模式。更重要的是，初期商业模式帮助新品高速发展。强大的网络整理收集产品试用者的意见，而暂时不需要考虑下个季度是否能盈利。一些意见甚至会被采纳进入商业应用。

几乎所有的软件开发商都会以某种方式推出软件的测试版，不这样做的公司很不明智。50年前，推出测试软件，让使用者帮忙完成的想法让人感觉缺乏信心，不上档次，不入流。但是在新体制下，这种初期商业模型让人感觉勇敢，慎重，非常必要。

推出"不完善"的半成品并不是降低成本的绝望表现；当客户比你聪明时，这是完善产品的最明智举动。

这种初期商业模式和普遍胜利公地准则占据支配地位。越来越多的互联网公司在盈利之前就发行股票并不是巧合。投资者买入具有初期商业模型价值公司的股票。保守者会认为这是贪婪、投机、炒作。但是，这同样具有许多礼物经济的成分——吸引关注，社会化，标准化，知识分享。这些成分在旧商业盈利模式起作用前就先占据一席之地。礼物经济是为活力十足的网络经济做预演。

策略

你能赠送什么？这是本书最重要的问题。可以从两个方面来回答这个问题：你能够让什么东西最接近免费，而不是直接标价为零？或者，你能赠送给人哪些非常有价值的东西，而根本不索取金钱的回报？如果两个问题都经过审慎思考，结果都是相同的，网络就会放大赠送品的价值。但是赠送并不是那么简单的一件事。必须选择合适的赠送品、合适的时间。参考下面这些问题来思考赠送什么。

◎麦片盒里附送一个玩具，这样的赠品只是愚蠢的奖赏。除非赠品对你的生意很关键，否则这种赠品不会发挥太大作用。

◎赠品如何进入良性循环？这个循环是你最想放大的吗？

◎长期来看，客户的无限支持比起他们的固定花销更重要。怎样在最初没有现金流的情况下，赢得客户支持？

每个公司组织都至少有一种产品（或潜在产品）能释放到免费的国度里去。这经常会有些问题：应该每分钟收取69.5美元呢，还是每盒6.5美元呢？有时答案是：赠送。我的经历告诉我，即使这种想法从没有被实现，思考免费的过程一定会启发你思考以前从没想过的免费的各种好处。免费长期以来一直是定价不可触碰的底线。可能正是由于它不可触碰，才使得只要认真对它进行考虑，就有利可图。

把你的产品运作得像免费一样。杂志出版商就是这么做的。按杂志封面的价格，杂志出版商几乎收不回成本，杂志就像在赠送一样（一些杂志真的是这样做的）。他们用广告费来赚钱。权威人士艾瑟戴森说："迅速勾销开发内容成本的生产者总是比不知道如何勾销的生产者更有优势，这些生产商给人感觉就像内容不要钱似的。"像圣达特一样的折扣店会员也会有类似免费的感觉。里面的商品几乎是以成本价出售给会员的，给人感觉就是在大赠送。这些折扣店主要的利润都来自每年40美元的会员费，而不是来自以成本价销售的商品。

投资开发第一件商品。那也是唯一一个难点。随后的复制品会逐渐走向免费，但是第一件商品将越来越贵，投资资金越来越密集。以摩尔定理闻名的高登·摩尔第二条准则：投资芯片（其售价将每18个月减少一半）的成本每3~4年增加1倍。前期的科研投资、设计、工艺开发等复杂的工作需要更高的预算，而后续复制品的资金成本逐渐减小。

先人一步的低价策略。如果现在你销售的商品成本缩减至1/3，你会怎么做？将来某一天，这会很快发生，所以开发符合这种趋势的商品。

关掉计量表，收取会员费。"定额的"或"包月的"固定价格定价法（flat or monthly fixed pricing）是近似免费的一种定价方法。支付费用后不按流量来计时。这种策略被公司（如有线电视）或客户（如美国在线的客户）广泛使用。定额收费是订购的一种方式。订购是无实体商品生产商（包括杂志、电影院线等）熟练运用的工具。订购可以运用于传统的实物商品（如食物）上吗？订购食物的想法并不奇怪。40年前订购牛奶就很常见了。面包、啤酒和其他主食也有订购服务。订购更加重视无形价值：规律性、忠诚度、享受最新产品、保证正品。这些无形价值也包含在订购费中。订购可以很好地结合"近似免费"。

次级市场才是市场。免费卖软件，高价卖说明书，这不是开玩笑。美国加利福尼亚州森尼韦尔市的Cygnus Solutions每年维护类Unix系统的收入就达2000万美元。C2Net公司出售Apache软件的维护和升级服务，而Apache本身是免费的。虽然互联网提供商网威也卖软件，但软件不是他们主要卖的，艾瑟戴森说："网威真正卖的是NetWare网络操作系统的注册工程师、指导员和管理员还有下一代NetWare网络操作系统。"一位教育软件的主管人员承认，他们公司的求助热线实际上是一个重要的盈利中心。他们的主要市场是旗舰软件的一个附属产品，在求助热线里可以推销给客户。

寻找赠送价值的公司，然后追随它们。下一个网景、下一个雅虎、下一个微软已经成立了，它们正在赠送。找到它们，和它们一起成长。寻找这些特点：只对辅助商品收费、貌似免费的行为、会员制，还有赠送。会利用免费来制造网络效应的公司正是我们要找的公司。

05

优先发展网络：
网络繁荣带来成员繁荣

网络最明显的特征是它既没有明显的中心，也没有明显的边界。网络之中，人人平等。

因此，网络改革的第一要务便是身份认同。

内部人（我们）和外部人（他们）的最主要区别——在工业时代表现为对组织的绝对忠诚，在网络经济中却变得不那么重要。如今，内部人与外部人之间的唯一区别就是是否在线。

个人忠诚从公司转向网络和网络平台。

你是Windows用户，还是Mac的Os用户？

用户忠诚转向网络后，用户所参与的网络平台的未来走向是个关键问题。它是正在成长还是正在衰落？它向上发展的潜力是大还是小？网络平台是开放的还是非开放的？

当消费者有开放和非开放两种选择时，他们会一边倒地选择开放性平台。因为开放性平台有更大的向上发展空间，他们会一而再再而三地选择开放性平台。开放性平台有更多可利用的资源来吸收成员，相互连接的节点也更多。

优先选择一个网络平台来做生意对于企业来说是一个重要的决定。因为企业的未来越来越多地取决于网络平台，企业必须评估平台的开放性、循环性、适应性。咨询师约翰·黑格尔说："网络使得风险可控。它使公司在面对科技不确定性时，可以做不可逆的投资。网络上的公司享有广阔的资源和发行渠道，而它们的固定投资需求和技能需求正在下降。"

随着公司的命运和网络交织在一起，网络的完善变得更加关键。

对企业而言，尽量扩大其网络价值成为首要策略。例如，游戏生产商将花费与开发游戏同样多的精力来开发网络平台。平台里面包含用户、游戏开发商和硬件制造商。网络平台的兴衰对游戏生产商来说生死攸关，因为这意味着一个重要的改变。在以往，企业的员工只是把注意力集中在两个地方——公司本身和市场。

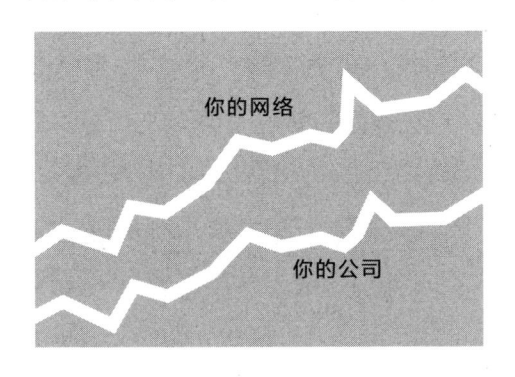

现在有第三个维度加以考虑——网络。网络包含了分包商、销售商、竞争对手、新的交换标准、商业的技术基础设施及消费者和客户网。

公司的繁荣与其网络的繁荣紧密联系在一起。它的运行平台或运行标准如果能取得成功，公司就能取得成功。

商业网络可以看作一个生态群。经济学家布赖恩·亚瑟认为："参与者不是通过具体的产品来竞争，而是通过建立网络来竞争。它是一个由松散的公司联盟组成的迷你生态系统。这个生态系统能够良性地作用于基础网络。"

在特定的成长期，建设网络与建设公司同样重要。一些拥有巨大市场份额的公司（如在个人计算机处理器市场占据80%市场份额的英特尔），通过小型投资来帮助年轻公司，这些公司的成功能够直接或间接地强化它们的市场地位。它们会帮助网络发展，因为这对它们有利。

网络经济中，公司的主要关注点已经从公司价值最大化转向网络价值最大化。

并不是每个网络所需要的投资都一样。音乐CD标准和供应商网络目前已根深蒂固。新的DVD视频标准还没有确立，比起通过DVD发行电影的电影公司，通过CD发行音乐的音乐发行公司在CD平台上要花费更少的精力。电影公司要调动大量资源来确保新平台能够推广和生存。他们将与硬件生产商合作，通过在他们自己的广告中植入硬件生产商的商标来分担广告费，派遣代表和技术委员会，与其他的电影制片厂合作来推动新格式被广泛接受。音乐制作公司不需要在CD上做如此大的投资。但如果它们通过线上发行音乐，就需要对新平台进行投资，因为线上发行仍然处于萌芽阶段。

每个网络科技都遵循一个自然生命周期，大概可以分为三个阶段：
◎非标准化阶段；
◎标准化阶段；
◎植入阶段。
一个公司的发展策略取决于它所在的平台处于哪个阶段。

非标准化阶段最令人激动。这个时期的标志是大量的新发明涌现，充满期望和想象，新想法层出不穷。由于没有权威人士，每个人都能竞争,他们确实乐于参与竞争。低门槛吸引大量的参与者。例如,当电话网络开始推广的时候,标准很少,而竞争者很多。1899年,美国电话网中有2000家电话公司,大部分公司都有自己的传送标准。与之相似,19世纪90年代,电力行业有许多不同的电压频率标准。不同的电厂选择不同的发电标准。运输网络也是如此,铁路时代期间,直到1880年,数千个铁路公司竟没有一个通用的轨距。

今天,网络化时代两个非标准化阶段的例子是在线视频和电子货币。可供选择的协议有很多,它们都有发展潜力。在这两个领域,不确定性很高,失误所带来的后果很小。没有什么是板上钉钉的,所以改变很容易。

标准化阶段的网络是另一幅景象。非标准化阶段中过多的标准现在只剩下两到三个。忠诚关系变得不稳定,会随时间而改变。在这个时期,需要尽最大的努力让它们保留下来,参与者就必须首先发展他们的网络标准。由于淘汰了许多参与者,剩下的参与者可以聚集大量的投资来推动快速发展。充裕准则和回报递增发挥作用——产出越多,需求越大。运行任何标准的网络得到发展都能使其中的参与者共赢。然而,不可避免的是,只有一个标准能最终胜出,其他的都会倒下。这个阶段所蕴含的不确定性几乎和非标准化阶段一样高,犯错的风险很大。任何能回忆起8道录音带消失的人都能理解这个痛苦阶段所蕴含的风险。今天,数码相片、桌面操作系统处于这个阶段，几个已经确立的标准正在争取最后的胜利，所以一定要慎重选择！

最后的生命周期阶段是植入阶段。即一种标准被非常广泛地接受，植入科技之中，几乎不能把两者分离（至少在这种标准存在期间）。常用的110伏特交流功率就进入了这个阶段（随着电网全球化，可能会有意想不到的情况发生）。ASCII（美国信息交换标准代码）也进入了这个阶段（至少对于表音文字来说是这样的）。一些语音拨号协议在全球运用很广，可能会一直存续下去。

不管是处于非标准化阶段、标准化阶段还是植入阶段，标准都是重要的，因为它们能加速革新，可以降低不确定性。建立标准可以强化发展道路，这样进一步的创新和改革才能在所指明的道路上加速发展。为了让各组织遵从共同的标准，建立确定性非常重要。标准一旦确立，网络就全呈腾飞式发展。

培育网络以达到最大化的繁荣。

达成标准总是说起来比做起来简单。任何时候建立标准都是一个众口难调的费时过程。最后结果总是不能令人满意，因为它是大家妥协的结果。但是，对一个有效的标准来说，采用它必须出于自愿。任何时候都必须做好被其他标准取而代之的准备，以便给异议者留出空间。

在新经济中，标准扮演着越来越重要的角色。工业时代里，标准化的产品相对较少。你不需要一个达成共识的网络来做一把椅子或一张桌子，只要遵循一些基本的符合人体工学的标准（制作高30英寸的桌子，1英寸=2.54厘米）就可以了。在网络中运行的工业产品（如电网、运输网）需要制定复杂的标准，所有接入电网的东西都必须合乎标准。不同厂家生产的汽车都有一样的轴宽度，用同样的混合燃料，转弯灯安在同一个位置，更不用说许许多多的道路建设标准、路标标准。

所有的信息和交流产品及其服务都需要达成广泛的共识。对话双方都必须理解对方所使用的语言。展开十亿个同样的对话，如果有数千个不同的媒体选择，然后还有三边、四边、N边对话，这样一想，需要建立的共识就会不计其数。

在网络经济中，每次交易所花费的精力越来越少，但建立这些交易间的共同准则所花费的精力越来越多。

因此，优先培育网络的必要性增强。企业可以投入巨大的知识资本在新标准的制定、协商、确定、预测及遵守方面。支持哪一个平台的问题将不仅限于个人计算机领域。在日历、汽车、会计准则，甚至货币领域也将面临同样的问题。

随着非实体经济崛起，经济领域将建立更多的标准。

但面临如此之多的选择，消费者可能受不了。在新经济中存在"阴阳"平衡之道。

"阴"代表积极方面，即消费者获得了科技进步和生产力提高所带来的大部分好处。竞争日益激烈，交易遵循"非摩擦经济"。由于产品高质低价，每个周期带来的好处并没有增加公司利润，而是转入了消费者的腰包。

"阳"代表消极方面，消费者要不停地做出决策来决定购买什么，加入什么标准，什么时候升级或转换，反向兼容性是否比高性能更重要。消费者要去厘清或者摆脱的各种选择和偏好的烦恼，虽然现在没有达到可观的程度，但这种麻烦会逐渐积累。新经济所带的乐趣是下一个版本几乎是免费的。不足之处是，即使出钱让他们升级到新版本，人们都懒得去做。

这种麻烦将会继续恶化。网络是个机会工厂，不断在历史舞台上产生新的机会。驾驭不好的话，新手会被大量爆发出来的选择所淹没。标准化这些选择能够帮助新手驾驭这些相互竞争的海量选择。这就是为什么今天网页上大部分的流行网站都是帮助整理归类、选择最佳网站的元搜索网站。

由于网络经济是新生事物，整个社会还未关注到相关准则是如何创造、发展的。但是我们理应注意，因为一旦一个准则成功确立下来，就会一直持续下去。准则本身又会塑造行为。

Well是最早被应用于网络的电话会议系统之一，它的起源与我有关。虽然Well是由其他人构想和创造出来的，但作为这个规模不大、非营利性企业的经理和所有者，我是它运行以来最早加入的参与者之一，并参与了它的政策制定。从第一天我就可以清楚地看到Well运用的准则直接塑造了其中的网络社区。其他地方运用的其他电话会议系统模式则塑造出不同的网络社区。Well软件支持线性交谈、社区记录；它不鼓励匿名，但支持对发言和话题负责；它允许有限度地异议和删除，并且它允许用户发明自己的工具。它主要是通过Unix代码来实现这个功能的（通过Well内部设置的软件标准，而不是张贴的规定）。它建造的社区是有特色的和长期存在的。事实上尽管运行这个社区的软件已经演变成网页浏览器界面，但这个社区，包括它所有的独特之处，仍然继续存在，这些起塑造作用的标准保留了下来。通过代码而不是制度来塑造社区这一点被Well用户总结成一句格言：良好的管理是通过工具而不是规则来实现的。

网络和网页也通过类工具标准隐形地管理着我们的行为。我们很多思想如所有制、隐私、访问权限、身份验证都是通过HTML和TCP/IP等代码来实现的。现在我们的生活只有一小部分与这些网页有关，但随着网络逐渐把电视、手机和大量零售收入囊中，标准对于社会行为的影响将会增大。

最终技术标准将变得与法律同等重要。

法律是代码化的社会标准。但是在未来，代码化的技术标准将会和法律同等重要。哈佛大学法律学专业的教授劳伦斯·雷席格说："法律正在变得不重要。管理的中心将是（计算机）代码。"随着网络逐渐成熟，从非标准化阶段特有的一切免费到标准化阶段的创新潮，最后进入全面发展的植入阶段，标准将越来越法律化。

标准也将随时间越来越固化。它们很难改动并且渗透到硬件中。它们的代码连接到芯片里面，随着芯片传播，标准渗透程度越来越深。详尽的立法程序监控和分析我们的立法过程。虽然像国际电信联盟（International Telecommunication Union）一样的机构会很快获得与法庭同等的影响力，但到目前为止，标准制定过程与立法过程不一样。标准不仅仅是关于技术的，它们也关于一些抽象的东西，如选择权、相互关系和信任。它们是社会工具，创造社会版图。

一个网络就像一个国家，这个国家有着受标准制约的关系网。在这个国家，为了整体利益，成员要首先发展网络。网络经济是一个"超国家"（meta-country）。比起国家的关系网，网络中的关系网有三个特点。

◎没有时空边界——每天24小时，每周7天，一年365天，关系都在无休无止地流转。

◎网络经济中，关系连接更加紧密、牢靠、持久而亲切，在很多方面超越了国家中的关系。

◎网络可以多层次地重合，叠加，忠诚亦然。

这些超级链接改变着传统的关系：非常私人、高度信任的家庭关系将会加强，而民族国家里分散的、基于合约的关系将会减弱。不过，就像彼得·德鲁克所说的那样："民族国家不会消失。在未来很长时间内，它可能仍然是最强大的政治机关，但是它不再是必不可少的了。"相反，我们会更需要像红十字会、健康维护组织、保险巨头及类联合国机构等组织，它们是我们所关注的、必不可少的网络。

在国家和网络里，提高个体利益最可靠的方法是提高整个系统的利益。工业时代的一个明显效应是一个人所能得到的利益在更大程度上取决于整个国家的繁荣程度,而较少取决于自身努力。美国麻省理工学院的经济学家莱斯特·瑟罗(Lester Thurow)已经指出,提高最富裕人口收入最好的方法是提高最贫困人口的收入,因为水涨船高。网络经济会放大这个效应。

想要抬高你的产品,就抬高它所在的网络。想要抬高你的公司,就抬高它所支持的标准。想要抬高你的国家,就增多让其他人获利发达的联系(在质量和数量上)。

要繁荣,先建设网络。

现在网络的建设力度还不够。网民在全球人口中的占比还较低。1998年互联网号称有1.2亿网民。但是那仅仅意味着2%的成年人可以直接上网。

但网络规模的增长速度非常快。如果现在的速度能够保持,在新世纪的早期,10亿人口将能上网,75%的成年人能够使用不错的手机。尼古拉斯·尼葛洛庞帝表示:到时将有100亿个电子物品通过网络连接起来。[1]每年,网络都在攻城略地。

---

[1] 本书著于1998年,写作时的预言如今已然实现。——编者注

网络正在不可逆转地颠覆全世界。

随着网络的到来，许多观察家注意到，在我们的经济中，信息逐渐代替材料。汽车性能更好，而重量更轻。工业材料已经被很轻的高科技知识所替代，它们以塑料、复合纤维的形式出现。

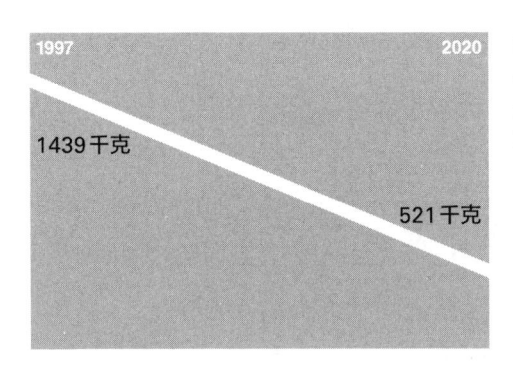

即使像汽车一样的工业品也遵循这条规则。随着信息逐渐取代质量，汽车的平均重量一直在下降，并且将持续下降。

1997　1439千克　2020　521千克

信息取代质量也发生在办公用品领域。比起20世纪50年代由于采用了性能更好的新材料、高科技含量的建造方法和智能化的办公设备，今天的新建筑显得更轻。所以不仅仅你的收音机变轻了，整个经济也在减重。

质量虽然减轻，但信息在增加。1998年生产的一块钢与1950年生产的有天壤之别。两种重量差不多，但是由于在生产过程中投入的大量设计、研究和知识，前者性能优越得多。更高的价值不是得益于增加的质量，而是得益于增加的知识。

信息大规模地替代质量起始于计算机芯片的诞生。这种微妙的分离首先发生在硅谷高科技走廊。软件非常独特（一半是身体，一半是灵魂），没有人对计算机产业独特地割裂成两个部分感到意外。像回报递增这类网络规则在过去被视为特例，是更大"实体"经济（如钢铁、石油、汽车和农场）中的独特现象。这种独特现象跟制造汽车、卖生菜有什么关系？一开始，什么关系也没有。但是现在，各行各业（鞋零售业、玻璃制造业、汉堡包生产商）都有信息部门，并且信息部门变得越来越壮大。如今没有哪家有实力的企业不用计算机和通信技术。1996年，整个美国公司（高科技和非高科技）在信息技术上的总投入为2120亿美元。通常，一个企业的数字部门（如IT部、管理情报系统部或管理科技的高手）总是首先感受到新规则和网络经济的影响。咨询顾问拉里·多尼斯（Larry Downes）和梅振家（Chunka Mui）表示："虽然许多行业的主要科技可能不在转型期……但是每个行业都将在信息技术方面经历改革。"随着一个公司越来越多地走到线上，科技狂人的想法开始渗透整个公司，影响整个公司对经营的理解。随着时间推移，更多员工将追随海量信息和交流网络所带来的机会。

　　新的网络科技和全球化加速了产品与服务的分离。新的信息潮将逐渐取代旧工业化直到整个经济都是网络行为。

　　网络概念会一步步接管我们的实体世界。

网络概念将会从硅芯片中扩散出来，渗透到钢铁、胶合板、化学色素和土豆片中。不论有没有植入硅芯片，整个制造业都将响应网络准则。

想象一下完全是实体的石油工业。经典的收益边际递减理论几乎就是用来解释石油工业的。起初容易开采的石油成本较低；然后在某一个点上，开采费用超过收益。但是现在，石油工业也被芯片技术占领了，它开始遵循新经济法则。功能强大的三维图形软件能让地质学家绘出油层地图，误差不会超过几米；计算机控制的柔性钻具能够精确地向侧边钻探，到达小油田；性能卓越的泵能够消耗更少的能耗和维护费用，抽取更多的石油。收益边际递减不见了。随着石油工业走向新经济，它的价格开始随产量趋稳。

有什么比汽车更能代表工业时代？然而，芯片和网络同样能够占领汽车领域。汽车所消耗的大部分动力都用来移动它自身，只有一小部分用来移动乘客。所以，如果车身和发动机的尺寸缩小，汽车就会消耗更少的能量，这又使发动机可以做得更小。更小的发动机又使得耗能更少，如此下去就遵循了芯片复利价值的路子。通过不断投入知识来开发和生产智能材料，智能材料可以使车身体积大幅缩小，从而可以制造更小、更高效的发动机。

底特律和日本已经设计出仅重500千克的汽车。它们由超轻的复合纤维材料制成，由高效的高科技混合发动机驱动。装上联网的芯片之后，散热器、车轴、传动轴的质量都减少了。芯片使得汽车能够实时自我检测性能表现。制动器上装上的芯片使汽车不容易打滑。仪表盘植入了微处理器使导航更容易，油量使用可视化。使用氢燃料电池后没有污染，电动发动机噪声也更小。正如植入芯片的制动器性能更优越，这些加入网络智能的轻型汽车也更安全：汽车事故将促发多个智能安全气囊膨胀——想象一下"智能气泡袋"会是什么场景。

落基山研究所能源梦想家卢安武（Amory Lovins）所称的超级汽车正是这些不断用知识替代质量的汽车。他说："未来的汽车不仅更安全，还能仅用一箱氢燃料就能跨越美国。"

一辆普通汽车的计算能力已经超过了一台普通个人计算机。一辆普通汽车身上电子设备的价值（728美元）已经超过了钢铁的价值（675美元）。但是卢安武说：超级汽车是用芯片改造的汽车。超级汽车可以被视为向固态组件迈出的一步。一辆车不是装有芯片的轮子，而是装有轮子的芯片。这个装有轮子的芯片行驶在公路系统里面，这个系统连接在一起越来越像一个没有中心的电子网络，同样遵循网络经济准则。

一旦我们把汽车想象成装有轮子的芯片，就不难想象飞机是装有翅膀的芯片，农场是带有土壤的芯片，房子是有人居住的芯片。是的，它们都有质量，但是质量将屈从于海量知识和从它身上流过的信息。如果用经济语言来描述，我们可以把这些物体看成完全没有质量的。这样，它们就会迁移到网络经济中。

因为信息胜过质量，所有的贸易都会向网络经济过渡。

美国麻省理工学院媒体实验室主任尼古拉斯·尼葛洛庞帝(Nicholas Negroponte)，当初估计在线经济在2000年时会达到1万亿美元。大部分享有终身职位的经济学家认为这个数字太过于乐观。实际上，这个乐观的数字是被极大地低估了。随着网络经济渗透到汽车、交通、钢铁和谷物等产业中，经济世界将逐渐转到线上，这个数字并没有对这部分规模做出预测。即使现在汽车还没有全部在网上销售，汽车的设计、生产、建造、操作方式都将依赖于网络和芯片。

诸如网络经济或者电子商务到底能够达到多大规模这样的问题，将变得越来越没有意义，因为一切商务活动最终都将迁移到互联网上。网络经济和工业经济之间的差别将逐渐消失，因为所有的经济活动都将或多或少地遵循网络规则。关键的区别是活跃与不活跃。

静态领域包括与经济信息脱钩的任何物体。例如，除价格标签外，今天的莴笋头不包含任何金融消息。一旦贴标签后，价格就会固定不变。除非人为去改变它，否则价格是不会变的。其他地方莴笋头销售的情况，或者全球经济的变化都与这个莴笋头无关。诸如与莴笋头有关的新闻报道、行业内部通信等信息全都没有影响到莴笋头本身。莴笋从经济角度来说是静态的。

动态领域则不同，它与整个经济社会是紧密相连的。在即将来到的未来世界，莴笋头带有自己的条码和价格信息，这些信息可能显示在附近的LED显示器上，或是显示在莴笋茎上贴的一块一次性芯片上。莴笋的存放时间，周边有打折促销，美国加利福尼亚州的天气、美元对墨西哥比索汇率等类似情况发生变化，莴笋等价格也会发生相应的变化。超市总部的交易员对莴笋进行交易使得利润最大化，运用的算法与航空公司一样。一架波音747飞机上未售出的空座与未售出的莴笋一样，会发生贬值。与网络相关的莴笋是活跃的。它是动态的、自适应性的，能够对事件做出反应。货币与信息流在它内部通过。如果货币和信息从某样东西上流过，它就是网络经济的一部分。

旧经济向新经济转变进程严格遵循下列逻辑：

◎越来越多的不活跃的物品被信息网激活；

◎一旦不活跃的物品被信息网激活，它就遵循信息准则；

◎网络不会退步，它会复制到新领域；

◎最终所有的物品和交易将按网络逻辑来运行。

人们可能禁不住认为"抵抗是徒劳的"。网络化洪流这个长期趋势可能感觉像柏格一样，似乎所有东西都会失去身份，成为无意识运动群体中的一员。有两点需要澄清：一是，连续不断、无处不在的网络本身并不会磨灭个性；二是，"所有一切"是一个渐进的过程，并不是一个终结。

人们可能认为工业化的机器生产消灭了手工制作。总体上看这没有错，它准确描绘了趋势走向。但是这个趋势中有一些引人注意的例外。在商品几乎全由机器生产的时代，手工制品成了稀有品，因此价格高昂。一些（只是很少一部分）精明的手工艺人、创业者能够靠制造手工物品来谋生。这些物品（如自行车、家具、吉他等）通常会在工厂里生产。抵抗行为很少却利润丰厚。

网络经济时代也一样，抵抗是徒劳的。在一个处处连接的世界里，每样东西都和其他东西连在一起，完全不连接的人、不去推进新想法和无形资产的公司成了稀有品。如果这些特立独行者能够保留独特性和自身价值来与网络经济结合，那么他们将会是被追崇的对象，对他们的定价就会很高。可以想象2005年的一个思想艺术家，他不用邮件，没有手机，没有视频会议，不用VR（虚拟现实技术），没有出书，也不旅行。获得他惊人思想的方式只有亲自拜访，在他隐居的住所里面对面地交流，而且要提前8个月预订，这只会让人们趋之若鹜。

美国麻省理工学院的经济学家保罗·克鲁格曼有另外一个信息改变

生活秩序的愿景。他写道："在未来某个时间，税法律师将被专业的软件系统替代，但是人类劳动仍然是必需的，而且报酬不菲，特别是对于那些真正有难度的工作来说（如园艺、房子清理和其他服务），由于纯消费品越来越便宜，上述工作占支出的比重将不断增大。"事实上我们不用等到未来。20世纪末，笔者必须雇佣两个不同的自由职业者，其中一个在办公室里移动图标，她转录磁带采访记录，每小时25美元。另一个员工在外面工作，修理油腻的厨房电器，50美元一小时。据我所知人们对后者的工作需求更多一些。克鲁格曼认为这些手工艺（既然高标价就有理由这么称呼它们）将"熨平"高科技行业与低科技行业之间的收入差距。

我认为好多园艺家将获得高报酬不仅仅是因为他们稀有或独树一帜，还因为他们和其他人一样运用科技来尽可能多地解决重复性的无聊工作，这样他们就能节省出时间来做人类擅长的事情：处理无规律、不能预见的事情。

在工业时代的早期，人们很难想象如耕作、饲养、林业类典型的农业工作会变得如此的机械化。但那确实发生了。不仅仅是农业工作，所有那个时期你能想象到的行业（特别是廉价劳动）都受到工业化的巨大影响。那个趋势稳定推进：整个经济最终都被机械化所替代。

全面走向网络经济的趋势同样也很难想象，但是这个过程一直在稳步推进。它遵循一个可预见的模式。网络经济所吸收的第一类工作是新世界才有的新型工作——程序员、企业策划、网络管理员和计量分析师。下一步则是吸收借助新工具能更高效达成最初目标的职业，如房地产经纪人、科学家、保险精算师、批发商和任何需要在座椅上工作的职业。最后，网络经济吸收所有看起来不可能的剩余职业——屠夫、面包师、烛台制作者——直到整个经济都被联网的知识所包围。

网络经济中有三股伟大的趋势：浩瀚的全球化，知识替代质量，深入和无处不在的网络化。这三股趋势席卷每片土地。它们的入侵稳步推进并自我强化。它们共同作用的效果可以简单地总结为：网络大获全胜。

策略

网络价值最大化。优先建设网络。随着网络的发展，它的使用会变得越来越简单。参与者的身份越多样化越好，尽量让更多的人（竞争者、客户、合作者及评论家等）参与进来。参与到网络之中应该是一件易事。你想知道你的客户是谁，但是你的客户也应该很容易接触到你（不用密码就能通过验证）。你的对手也应该很容易加入进来（他们的客户也是你的潜在客户）。开放迎接网络效应：关系比技术质量更重要，尤其要当心"自家发明保护主义"（拒绝和否定他人的成果）。伟大的网络参与者愿意放下自己的标准（特别是在你看来"更优越"的标准），采用其他人的标准来发挥网络效应的杠杆作用。

寻找最大公约数。由于充裕法则和边际回报递增，最有价值的发明不是那些性能最优越的，而是那些在最广泛客户基础上性能最优越的（性能与普及兼优）。优先发展网络意味着忽略顶尖的先进标准，选择使用最广泛的标准（被广泛接受的最高质标准）。之所以选择性能与普及兼优的标准，一个实际的原因是复杂的技术需要参与激情和有知识的用户，他们分享使用经验和环境感受。你应该在不牺牲质量的同时达到使用户最广泛。

不要投资"世界语"[1]。无论另一个标准有多么优越，它都不能替代一个根深蒂固的标准，比如英语。在可用协议被广泛使用的时候，不要投资另一个全新的协议。

在新领域应用根深蒂固的标准。在不同的环境中，有没有方法使用现存的标准和网络来达成你的目标？为现存的网络投资新奇标准是堂·吉诃德式的行为。现在，在一些伟大的成功故事中，公司向前发展都是先掌握一个网络，然后利用它根深蒂固的标准来改造一个已经存在

---

[1] 世界语：是由波兰籍犹太人眼科医生拉扎鲁·路德维克·柴门霍夫博士在印欧语系基础上发明创立的一种人造语言，旨在帮助不同语言人群的交流提供便利，而不被民族语言、肤色、种族地域等限制，用世界公民的身份平等友好地相处。在这里应指代为新的标准，系统或协议等。——编者注

的网络。这个过程被称为"内部转化"。电话行业正在发生革命：一些积极的互联网公司用新建立的协议（称为互联网协议，也就是IP）来转化旧电话的声音传输方式，使得数据在网上传播。互联网产生的利润递增效应使得这些公司占据优势地位。确实，在互联网协议不停地进军下，电话业标准一个接一个地倒下。同样，积极的公司正在利用已经建立的桌面标准Windows NT及其产生的慷慨准则效应来转化电话转换设备领域。甚至大型的有线电视网络也在改变。新兴的视频传输标准，如MPEG，正在尝试迁移到互联网上。选择标准的时候，考虑一下你所在网络之外的其他网络是否已有根深蒂固的标准，它们可能内部转化你的领域。

激活产品和服务。随着互联网经济的逐渐展开，很多公司都会问自己：我们怎么用互联网思维来做事？怎样使得产品适应互联网逻辑？我们怎样把我们的产品和服务搬到线上？（答案不是把它们粘贴到网页上。）如建筑师要运用大量的数据，怎样才能将这些数据标准化呢？怎样才能让数据流流经实体物品呢？（如一扇门。）一扇玻璃窗至少能加入什么新功能来使得它网络化呢？承包商能做什么来使得联网的信息流在建筑师、承包商、建造者及客户之间流动呢？我们怎样增加参与服务的网络数量呢？

站在网络一边。想象一下1960年埃尔夫让你知道的一个秘密：未来

50年里，我们预测到计算机体积将越来越小，价格也越来越便宜。你做一个科技决策时，如果你考虑变小、变便宜，那么你总是对的。确实，要是你早知道这个规则，就能创造出财务奇迹。当下的秘密是在未来的50年内，网络将沿着预定的轨道不断扩张，不断深入。随着它囊括更多的成员，传输成本接近于零，它的价值将迎来爆发式增长。不论你什么时候做科技决策，如果你选择连接更多的连接、更开放的系统、应用更广的标准，那么你总是正确的。

　　重视推广传播。经济网络不是一个同盟。网络里的各成员之间几乎没有财务联系。建立共同标准和协调发展行之有效的方法是利用推广人员。他们不是销售员也不是总裁。他们的工作仅仅是帮助扩张网络，发现共同利益者，然后帮助他们聚集起来。在早期的发展中，苹果公司的身份是新兴计算机网络的开创者，它成功地雇佣推广人员来寻找第三方供应商以制作插件板或为苹果计算机开发软件。你也可以做同样的事情。

06

不要在巅峰逗留：
成功之后，回退

新兴经济紧密连接的天性使得它就像是一个生态系统。冲突和战争经常被用来比喻工业经济。"共同进化"和"相互感染"等词则更适用于新经济。

企业就像是在生态系统中进化的有机体。一些生态系统本质上几乎没有为生命提供机会。在北极存活仅有几种策略，一个物种必须擅长其中一种。其他生态群充满了机会，随着生物在生态体系中不断寻找自己的位置，这些机会此起彼伏，不断变化。我们所说的生态和谐并不是静止不动的完美，而是一个不断打破平衡又再平衡的过程。

网络经济是多样化、互通，形态灵活多变的，它就像一个充满活力的生态系统、快速进化的丛林。新的机会很快出现又很快消失。竞争者潜伏在你的身后，随时会掠夺你的地盘。今天你还是一山之主，明天这座山可能就不存在了。

生态学家把有机体不断适应环境变化的过程形容为一个爬高山的漫长旅程，想向上就要更好地适应。在这个比喻中，最大限度适应时代的有机体就会处在巅峰的位置，我们可以把这个有机体想象成一个商业组织，一个公司付出巨大努力把事业推上坡，或让它的产品处于巅峰，最大限度地适应用户需求。

在寻找自身最佳位置的过程中，所有的组织（不管盈利与否）都会面临两个问题，而网络经济的瞬息万变不断加剧了这两个问题。

首先，工业时代的环境相对简单，什么是最佳产品、企业应该如何定位自身这些问题都相对容易得出答案。但在网络经济中想要知道哪座山是最高的，哪些山顶是海市蜃楼，都不是那么容易。

用生态术语来描述，新经济的地貌是崎岖的，放眼望去，满是海湾、悬崖、峭壁。有些道路走不通，有些道路通往虚假的繁荣，有些道路中间出现巨大的断裂。因为经济领域充满各种模式，没有一个是可以通用的，所以一个朝顶峰新市场攀登的企业爬的只不过是一座小山丘。或者说，他们可能成功到达山顶，但是发现这山不如那山高。

不管是大公司还是小公司都必须应对新的地貌。一个公司是否应该努力爬上山顶（如成为世界上最受信赖的硬盘生产商）是不能确定的问题，因为那个山顶下面的山脉可能在几年内就会塌陷（如果每个人都提着改用容量更大的蛋白芯片）。如果一个技术将会被淘汰，那么一个企业就应该庆幸当初为这项技术所做的努力都没有成功（核电产业是一个例子）。

瞬息万变的年代意味着本地的成功不是全球的成功。一个公司可能到达高效的顶峰，但可能在错误的山上。诀窍是要选一个有很大发展空间的领域来胜出。

一些最完美的技术刚被创造出来却瞬间走向死亡。真空管技术在消亡时达到了最简化的程度。正如美国麻省理工学院的经济学家厄特巴克所写的一样："公司在捍卫他们赖以生存的技术时，显得非常有创造性。经常在这些技术的消亡可以清醒地预见时，它们的设计和性能的精致程度才达到无法想象的高度。"达到完美的高峰相对容易，问题是完美可能只是局部完满，就像在某个州最好的篮球选手却不能参加国家联赛。当一个企业庆祝自己创造了世界最快，甚至宇宙最快的穿孔卡阅读器的时候，全世界的经济可能都已经移到计算机上了。

糟糕的是，在新经济中，困在局部顶峰不可避免。

不稳定、不均衡是常态，最优化不会持续太久。用不了多久，一个在全盛时期的产品就会被夺去光芒。确实，这个产品全盛时期的创新会增大它衰落的概率。在《掌握创新的动态》这本研究手机业创新的书中，厄特巴克总结道："一代科技取得成功会产生一个副作用，企业的关注点会缩窄，对拥有新一代技术的竞争者视而不见。"产品可能是完美的，但顾客群体越来越小。

尽管一个产品可能在完美方面达到顶峰，但一个局外人可能通过改变规则移走整座山。美国底特律处在大排量车制造生态的"山顶"，但突然小排量车开始流行，这种势头盖过了它。希尔斯百货曾是零售业之山的王者，但沃尔玛和凯马特的创新制造出的一整座新的"消费山脉"远远高过于它。任天堂曾经短暂地占据了游戏行业的顶峰，直到后来世嘉出现，再后来索尼造出另外的"山"来高过它。每个被替代的行业、公司或产品都困在局部顶峰。

只有一条走出去的道路，卡住的公司必须回退。为了从所在山的高峰走向另一座更高的山峰，企业必须先下山。如果那样做，它必须反转自己，一时间会变得不适应，不健康，脱离最优化。相比起现在所在的山峰，它必须接受低效和不完美。

这是一个问题。组织就像生物一样，总是想通过最优化的发挥来取得成功，而不是丢弃成功。公司会认为回退是不可想象的，毕竟企业里没有设置放弃奖金。

公司越好，退路越少。

现代组织所做的都是为了竭尽全力爬山。CEO所受的培训、所得的丰厚报酬都是为了把企业推向山顶。质量部门让整个企业员工都朝着最优化表现行进。咨询顾问检查每个小的细节，试图消灭任何可能阻止企业完美到达山顶的东西。企业策划专家聚焦计算机数据，来找出哪些部门拖了后腿。甚至接待员都在追求精益求精。现代企业根本就不会允许放弃一些已经行之有效的东西，步履艰难地下山走向混乱。有没有这种技巧先不提。

毋庸置疑的是：向下走是一个危险且无序的过程。低适应度也就意味着处于离灭亡更近的位置。但是你必须先冒着风险回退，才能有机会再次崛起。

经济学家约瑟夫·熊彼特（Joseph Schumpeter）把这种激进的破坏

成功的行为称为"创造性的破坏"。这是一个比较恰当的说法。放弃完美需要雄才大略,并且要冒搞砸的风险。管理学大师汤姆·彼得斯(Tom Peters)声称公司领导现在正在被要求做两件事:创造,然后灵敏地拆解。这两个任务需要完全不同的性格,同一个人不可能同时具备。他恶作剧式地建议在快速变化的新经济环境下,一个公司应该任命一个首席拆解官。

不管有没有人来负责这个破坏过程,(据我们所知)企业都没有其他选项。为了再次崛起的希望,必须先放弃完美无缺的产品、高投资的科技,再著名的品牌也要一头扎进混乱里。

以前,这种行为方式很少见。工业时代相对稳定的市场和平稳的技术环境都不同于网络时代的崎岖。每年只有几个指标发生改变,并且是逐渐地改变。机会来临前都会有先兆。这样的日子一去不复返了。新经济秩序的生物特性意味着已经建立起来的领域会突然瓦解,新的领域会突然出现。

除非拆解现有构架也需要专业技能,否则,专业技能在创新中并不必要。

追求完美并没有错。最大限度地适应所处位置、服务于最优化、寻找完美山顶这些目标将永远是一个企业或个人所追求的。那么为什么要在山顶放弃完美呢？

处于山顶的问题在于过于完美，视野狭窄。在一个产品上取得巨大成功会看不到整个经济中更大的机会和前方迅速变化的形势。传奇的老牌企业都会不断向外看。它们能发现全球的高峰，能在众多虚假的山峰中把它找出来。它们明白聚焦于内部，特别是狭隘地执着于"世界最好"会让一个企业看不见新高点，从而削弱长期适应能力。长途旅行要经常看外面的风景以发现新的山峰来攀登。

在新经济中外面的风景显得更为重要，因为完美不再是独奏表演。成功是一个相互依赖的过程，包括一个由供应商、顾客，甚至竞争对手组成的网络。一个公司需要在自己的领域外广泛地探索，有时可能要看看完全相反的领域。

在山顶回退并不是反对完美，而是反对短视。

除了缺乏自愿拆解盈利模式的领导和企业，以及公司对完美追求的自然偏见之外，还有另外一个原因让人很难放手。研究过大量现代制造业公司竞争力（胜利本领）的经济学家保罗·米尔格龙(Paul Milgrom)和约翰·罗伯茨(John Roberts)总结说：公司的竞争力往往存在于组合技能之中。

这种自然形成的技能组合，使得对手很难挑战一个已经成功的企业。正如哥伦比亚大学的经济学家理查德·纳尔逊(Richard Nelson)所说："有效地模仿成功企业很难，因为这样做需要竞争对手同时具备许多不同的技能。"在某个特别领域，企业可以购买技术和人工技能。但是如果你试图取代一个高度成功的企业，一次性渐进式收购一两家公司毫无裨益。若想在竞争中发挥优势，技能组必须同时掌握全套技能。像迪士尼一样的企业几乎不能被模仿，因为想要一次性获得它高度综合的技能组合很困难。

自然形成的技能组合也使得回退异常困难。回退意味着同时反抗一个组织所有最好的品质。有机世界在这方面提供了很多例子。生物技术建立在大部分基因自身都不带遗传密码的基础上，大部分基因管理着其他基因的开启与关闭。这样，一个带有基因的细胞就是一个内部高度连通的稠密网络。任何基因都受到其他许多基因的间接控制。

因此，生物有机体内的大部分特点通常通过松散的联系在染色体内传递，如蓝眼睛和雀斑，或者红头发和急性子。这会产生两个结果。首先，要通过进化来改变红头发者的坏脾气可能意味着至少首先去掉他的红头发——动物饲养者对这种矛盾非常了解。其次，培育出一个不想要特点的同时，也会得到许多优良的特点。鸡饲养者想要减少鸡进攻性的同时也就必须降低它产蛋的能力。

企业运行的原理也是一样的。相互连锁的技能组合是企业的优势，但在变革的时候会成为阻碍。互相连接日益紧密的网络经济强化了这种矛盾。在网络经济中，单个员工的技能被更紧密地联结在一起，使不同部门的活动更加高度协调，不同公司的目标更加独立自主。网络使得以前互不相关的各方力量现在都能对各方下一步行动产生影响。

一个公司的能力越是综合，想要只通过微小的改变来转型就越难。因此成功的公司在高度变化的环境之中更容易失败。成功者因为成功往往不愿意承认这一点。确实，优秀组织的成功之处也使得它们在面对转型的时候非常保守，因为轻型意味着即使有些技能运行良好，它们也必须拆散许多相互关联的技能。

19世纪80年代，个人计算机兴起的时候，IBM面临的难题并不是技术知识。事实上，IBM已经知道怎样创造出最出色的个人计算机。深蓝超级计算机经过多年的磨炼所积累的经验技术让IBM成为大型计算机领域绝对的王者，而这些经验技术不能通过微小改变来适应快速发展的台式计算机领域。IBM在旧体系下登上至高的地位是由于它的销售、市场开发、研究与开发、管理技能都最优化地融入了它高度进化的机器中。它要想改变所销售计算机的尺寸就必须同时改变它的管理、预测、研究技能。不管什么时候，对任何人来说马上改头换面都不是一件容易的事。

因为技能组合限制（或捍卫）了一个组织，创立一个组织比变革一个既成的组织更简单。

这也是网络经济从不缺新生企业的原因。初创一个企业，组合新的技能，冒的风险更小，而试图重置一个已建立的公司会冒更大风险，后者高度融合的技能会抵抗拆解。在崎岖的经济地貌上，对一个建立已久的公司来说，适应多变环境唯一的希望是采用"臭鼬模式"，这反映了另一个生物学规律。计算机模拟进化实验（特别是贝尔通信研究所的大卫·阿克利所做的模拟）显示了一个种群的变异源最初如何在整个群落的边缘出现。经过在边缘地带的"测试期"后，突变体用它们的优势占据中心，成为多数派。

在边缘地带，新生事物并不必去对抗旧秩序的惰性；它们大多与其他变种事物互相竞争。边缘地带让新生事物在不必反抗高度进化的事物中，获得了改进自身缺陷的时间。然而，一旦改善之后，它们会快速地横扫旧秩序，成为占支配地位的大多数。

这就是"臭鼬模式"的逻辑。远离公司的中心安排一个工作小组，让他们能够独立运行，不会被公司已有的成就所淹没。不要给他们业绩压力，直到他们产生新奇的点子。然后把这些点子介绍到中心。也许这些点子就会盛行起来成为新标准。

经济学家迈克尔·波特（Michael Porter）调查了10个国家的100个行业后发现创新的源泉通常都来自"局外人"或其他相对局外人——一个行业的龙头公司进入另一个新的行业。

想要最大的创新，先扩大边缘范围。

应当支持边缘地带和临时隔离，让这些不同的环境能够产生新的火花。"臭鼬模式"在网络经济中扮演重要角色。从定义上讲，网络就是一个巨大的边缘地带。它没有固定的中心。网络的发展为保护隐蔽基地带来机会，创新得以在公众视线以外的网络中孕育。一旦调整成熟，创新就能够快速地复制。网络经济的全球维度意味着创新可以在全世界迅速而完全地传播。互联网本身就是以这种方式创造出来的。它是在瑞士日内瓦相对隐蔽的科学研究里所编写出来的。1991年，互联网准备成熟，在实验室试运行后，六个月内它就迅速扩散到全球的计算机上。

成功的基本规则是永恒不变的：专注于客户服务，提高产品的质量，超越对手的表现，乐在其中。新经济的本质并没有改变这些规则。但是它帮助人们获得的成功不再是以前的样子了。无论怎样衡量，成功是一种惰性。收入递增法则可以使成功增值，但它依然在惯性下到达山峰，只不过山峰已经极不稳定了。当山体开始塌陷的时候，在山顶上就是一种劣势。任何理智的人都明白，成功容易催生偏执。

在新经济波涛汹涌、快速变化的环境中，只有反应敏捷、顺应变化、行动快速的公司才能成功。速度和灵活胜于体量和经验。快速走向新路途只解决一半问题，快速放弃过去的成功解决另外重要的一半。

在网络经济中，生物学给我们带来的启示是：放弃已有的成功是最难的，但十分必要。

策略

不要以为看得到就是离得近。回退的困难之处在于，一个公司必须先走到两座成功山峰之间的空地上，同时还要保持公司的完整性。这么做的时候，它必须仍然保持盈利。从一座山峰直接跳到另一座山峰是不可能做到的。不论一个组织有多明智，速度有多快，要去想去的地方，它都必须一步一步地从原来的地方先下来。当新的完美山峰清晰可见时，熬过一个不是很理想的状态非常困难。

例如，20世纪90年代某个时候，《大英百科全书》团队发现他们卡在了自己的山峰上。他们确实在山顶——最佳的已出版百科全书。他们有全球销售团队来推销这个世界闻名的品牌。但是CD-ROM（只读光盘驱动器）迅速兴起。这座新兴的山峰轮廓耀眼可见，它的高度令人振奋。但新出现的这座山与《大英百科全书》现在所在这座山不一样：无纸，不须上门推销，便宜，体积小，可以不断更新。他们必须先清空他们已知的许多知识。新的山峰才是他们的未来。尽管目标非常清晰，通往那里的路途却非常危险。后来他们发现，通往目标的路比预想的要更长。

公司花费了数百万美元，裁减销售人员，却仍走在倒闭的边缘。他们进入了一段可怕的时期，既没有纸质出版物，也没有CD问世。最终他们完成了多年之前就开始构思的CD-ROM版百科全书，但是就在这之前，一个局外者（微软）出版了同类型的更好的百科全书。《大英百科全书》的未来仍然充满不确定性。这种痛苦是正常的。未来主义者保罗·萨夫说："我们会把清晰的未来图景误当作近在咫尺。"

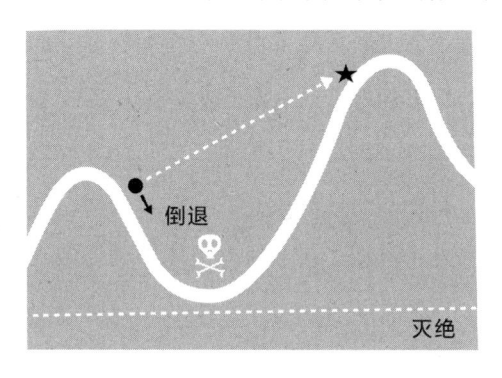

攀登更高的点（更丰厚的利润）通常意味着先要穿越一个非理想状态的峡谷。未来很清晰并不意味着很容易抵达。

今天，几乎每个在行业内的人都对电视机的未来有清晰的认识。它与上网的方式是一样的。你从500个频道中选择你要看的。你可以电视购物，玩游戏，或者点击鼠标了解更多关于你正在看的电影。技术层面是可行的，物理层面、经济层面也都说得通。但去往未来电视机的实际距离比看上去的远得多，因为从这里到那里中间要蜿蜒穿过一片不完美的贫瘠荒地。虽然经济性会在后来体现出来，但不会是在这片荒地上。

尽管成功的未来清晰可见，似乎所有大型电视机厂商、计算机厂商、电话厂商都没有足够的敏捷度和胆量来通过这个死亡之谷。

借助网络。通过峡谷只有一种可靠的策略，即结伴而行。成立已久的企业现在正在做它们应该做的：与数十甚至数百个公司结盟建立合作伙伴关系；尽量寻找附属网络和共同目标，通过建立网络来分散风险。形形色色的公司能够满怀希冀地穿越一段状况不佳的峡谷。互相联盟合作可以给他们的网络带来诸多益处。首先，大家能分享有关峡谷环境的知识。一些公司可能发现一些小的机会山峰。到达那里可以创造出小的盈利机会。如果中途能找到或创造足够多的盈利机会，这段长途旅程就可以变成沿着一系列细化的次级目标而进行的积跬步式飞跃。公司、客户、开拓者、不同既得利益群体参与得越多，次级目标就能够越多地被发现或创造出来。

为了能成功造出未来的汽车（现在不难构想出来），汽车公司只能联合销售商、监管者、保险商、修路商和竞争者，通过这张网络帮助其他人快速地回退，通过荒地。

谁来领导回退？这个杰出的领导者要能创造性地破坏，再大胆地建造。这个杰出团队要能够投票终止一项仍发挥效应的策略。这个杰出团体还要能够采纳局外人要丢掉金元宝的倡议。你是这个过程的领导者，每个人都是。这只不过是网络经济中多了一件小差事。

质疑成功。不是每件成功都要毫不犹豫地丢掉，但是每件成功都要毫不犹豫地去质疑。有没有其他有趣的替代品？有没有其他可用的选择能吸引注意力？你需要站在很远的局外来思考问题，远到不在同一座山上。有没有能改变游戏规则的创新？要防止那些小打小闹的进步：同一座山上的细碎步伐都可能是拒绝改变的另一种形式。美国麻省理工学院媒体实验室的主任尼古拉斯·尼葛洛庞帝说："渐进主义是创新最大的敌人。"

把搜索作为一种生活方式。在网络经济中，你最强劲的对手十有八九不是来自同一领域。在充满变化的年代，没有什么是固定不变的，必须在尽可能宽广的范围内搜寻可能出现的创新。创新会越来越多地从其他领域出现。坚持不懈地进行地毯式搜索（大面积、简单、地表式的）是你能掌握最新情况的唯一方法。不要读你所在领域的行业杂志，应该浏览其他行业的杂志。与人类学家、诗人、历史学家及艺术家交流。如果把这些遥远的领域当作相关领域，你对于未来潮流的洞察力就会大大提高。

07

从地点到空间：
制造巨大的差异

地理已死！

对于那些高声疾呼电子化和远程通信的人来说，这一声明已经显得俗套。随着跨国界廉价通信技术的普及，距离、地产、地理已经显得无关紧要。但事实上，这一言论只对了一半。

地域仍然重要，至少在很长一段时间内是这样。但是，新经济在"空间"而非地域中运作，而且随着时间推移，越来越多的商业交易将向新空间转移。

地理及地产将会一直存在，并保持真实。城市愈加繁荣，如荒地或拥有迷人依山小镇的特殊地区只会一直增值。

爱开玩笑的管理大师汤姆·彼得斯喜欢吓唬被冲昏头脑的美国CEO：

"想想亚洲、拉美、东欧吧！那里的人聪明，反应快，劳动力又廉价，而且他们离你这么近，只需1/8秒就能联系上，他们是你最可怕的噩梦！"1/8秒是任何信号从地球一端抵达另一端所需的最长时间。在那些地方，饥饿的竞争者能够以更便宜的价格完成任何你能做到的事，而且他们中大多数之间仅有1/8秒之遥。简言之，彼得斯断言距离已成为伪命题，全球化趋势势在必行。

通报完坏消息，好消息是，那些千里之外的竞争者永远不会比1/8秒更近。对于人生中许多事情来说，那可是无法逾越的距离。比如，一个吻，一场体育比赛，或嗅一朵花的香气。制作多人在线科幻游戏的初创企业意识到，光纤传输所致的延迟会导致游戏即时性的缺失。这个显而易见的鸿沟在某些场景下不会产生影响，比如网上订书，或者查看天气预报，但是会有足够多的生命之旺盛所依赖的微妙的亲密性和自发性即时反应被毁于1/8秒。因此，在真实情境下面对面的接触无可取代。随着网络通信速度的加快，空中旅行也会陡增。因此，城市将以无延迟的特性永存，那里不存在1/8秒延迟的问题。

人们占据场所，但经济将占据越来越多的空间。

一个地点由四个维度界定。两个物件如果相邻，则代表它们在四个坐标中相近，它们分别是：上—下、左—右、前—后（x, y, z）以及时间。物理地点如此丰富多彩（尽管我们很多时候没有完全意识到这点），但它限制了不同事物在其中产生的关联。一个地方的人只能与固定数目并且少量邻近自己的人进行互动。一个事物也只能接触相对较近的其他事物。

然而，空间不同于地点。空间是一个电子化创造的环境。越来越多的经济活动发生于此。与地点不同的是，空间拥有无限纬度。不同对象（包括人、事物、中介、碎片、节点等）可以以上千种方式、方向相邻。一个存在于电子空间中的人可以同时与上千万人交流，或在一个游戏中与其他两万个玩家互动，这些都是物理环境也不可能实现的。一辆汽车可以通过上百种方式与几千米外拥堵中的汽车、环境监控系统、卫星定位天线、收费站或者汽车厂家的发动机能效中心相连。在物理环境中，一辆车只能与前后保险杠相邻的车互动。

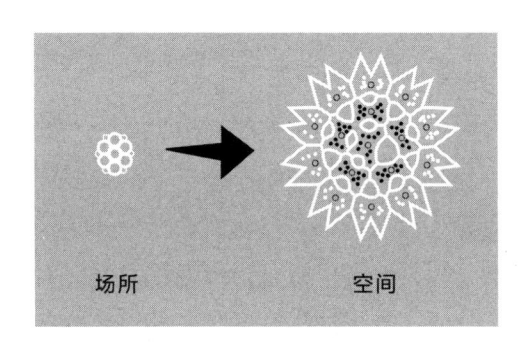

通信技术的发明使有机体成为不可思议的物体，就像网络使基于地点的公司变成不可思议的空间。

空间并不受远近程度的限制。空间的优势不在于非地理的虚拟性，而是更多地根植于它们无限地吸纳连接与关系的能力。通过信息通路，网络空间能够将各种节点、纬度、关系与互动彼此相连，而并不局限于那些物理空间上相邻的事物。

空间（space）这个在英语中常见的后缀，是信息空间（cyberspace）的缩写，指使人身临其境的电子空间。但是这个词的源头更为深远。空间的技术性概念源自数学与计算机科学。科学家利用空间来形容复杂的系统。极端复杂的空间拥有独特的动态。因此，空间一词在形容模糊或无限的网络构造时尤为适宜。由上亿个实体和中介（目前网络已经包括了10万多个摄像头）组成的网络在"高维数"中运作，正如数学家所说的，它呼应了崭新的动态。随着电子环境的不断延展，地域的影响力在减弱，而空间的影响力在增加。经济渗透各个网络媒介，传统的交易市场转换成为概念性的虚拟市场（marketspace）。

网络经济从地区到空间。

在高纬度新型空间的范畴中，网络经济展现出以下特性：
◎不可同日而语的"大规模"；
◎高强度聚合；

◎同侪权威；

◎再中介化。

工业经济使消费者需要的所有产品近在咫尺。如果你想吃香蕉，你需要借助许多中介机构，把水果从洪都拉斯的种植园转移到你的厨房中。连接读者与作者之间的是一系列编辑、银行家、印刷厂、批发商、零售商及书店。连接病患与优质医疗服务之间的是医生、护士、保险公司以及医院员工。在你和你朝思暮想的车子之间是一系列矿工、熔炼工、工程师、制造商、铁路调车场、展示中心及销售人员。每个中介都将产品或服务传递到下一步。有些完成产品的制造（如汽车工程师），有些提供定制化服务（如医院员工），还有一些简单地运送产品（如运香蕉的船）。在商业理论中，这条路线被称为价值链。

在长长的价值链中，每个中间环节都会为产品增值，证明最终产品的溢价是值得的。企业互相竞争，挤入价值链中，然后试图越来越多地控制链条上的环节。计算机与网络通信出现初期产生的效果是，他们颠覆了传统的价值链，引起行业的警觉。未来主义者保罗·萨夫（Paul Saffo）把新经济体催生的多种互动称为"从价值链到价值网"的转移。

在网络的虚拟市场中，价值顺着网络移动。

许多经典的价值链中充斥着中介，他们负责分销完整的产品或服务。举个香蕉批发商的例子。尽管他们经营的是实体产品的生意，常常需要以高成本把香蕉储存到库房，但他们对消费者产生的主要价值是信息价值。理论上说，将包装好的、小批量的香蕉直接运送到家中能够跳过中介，从而降低成本。你只要每周从位于洪都拉斯的种植园订购一小捆香蕉，他们就可以直接把香蕉寄给你。但是，要想高效率地做到这一点，能够实现以下目的的网络技术必不可少：a.找到你中意的种植园；b.在适当时间找到合适的香蕉；c.如果首选种植园的香蕉还未成熟，就需要转向另一家合作种植园；d.跟踪你的小型应付账款；e.与上百万种例外和事故的可能性打交道，因为在这么复杂的系统中，任何事都可能发生。

工业时代的技术无法实现上述设想，因此批发商系统替代了网络信息。本地的农产品摊贩收集订货信息，然后将收集到的请求转送给农民合作社的中介，他们继而将订货信息分送种植园。你的个人订货信息淹没在众多订货信息的汪洋中，在系统中全然无法体现。香蕉要想回到你手上，只需沿着链条的反方向移动。消费者信息不完善时只能被储存在仓库中。

像香蕉这样的产品，如果想跳过这条产业链，或许需要很长时间。但是其他价格更高，且没有那么笨重的食品则可以利用这种方式购买。

城里的美食爱好者可以直接联系农夫，购买如特级咖啡、正宗枫糖糖浆或者有机牛肉这类产品，只需利用邮局或快递服务送货，免除了中间涉及的批发或零售渠道。美食家可以利用网站或直接邮寄目录直接从种植者手中购买产品，将传统中介置之度外。

银行业在置换中介方面打响了头炮。他们相当英明地发现，随着信息技术渗透银行业，行业监管越来越宽松，人们似乎不再需要银行了，至少不需要那些官僚化的大型中介组织。人们可以轻松地获得贷款，利用共同基金获得高额利息，从自动取款机获得更便捷的服务。许多银行业者哭喊，银行体系正经历着"去中介化"，尤其是社区银行，每周都有一家银行的分行关门。

随着商业行为向知识与信息转移，"去中介化"迎来了经济中的成熟时机。那么，数字时代的产物，如音乐CD和新闻报道，为何要舍近求远，而不直接把产品投递到消费者手中？最近马特·德拉吉[1]的走红使人们确信，网络逐渐摒弃了中间环节。德拉吉原本是一名在好莱坞播报八卦新闻的无名小卒，后来他将独家的内部消息从家里的计算机发送给越来越多跟随他的读者，收获了全国性的读者群及全国闻名的个人品牌。

不论已经成名或者尚未成名的乐队都在尝试着音乐界经历的颠覆。

---

[1] Matt Drudge，全名马特·内森·德拉吉，是美国"德拉吉报道"（Drudge Report）网站的创办人，也是一名网络记者和电台脱口秀节目的主持人。——译者注

从录制音乐、存放入库，长途跋涉地运到另一个地方，摆放到货架上，然后绞尽脑汁地夺取音乐店中最惹人注目的展位，这一系列烦琐的流程似乎随着网络技术的出现失去意义，因为网络能够将音乐直接并快速地送至粉丝手中。在万能的网络中，没有中介就意味着没有烦恼。

然而目前来看，"去中介化"趋势比实际上显得突出，并投射下来一片巨大而可怕的阴影。零售商陷入一片恐慌。如果每个人都能上网，直接对比冰箱制造商提供的不同售价，那么商店还能捞到什么好处？如果每个人都能直接从制片厂订购影片，那么当地的录音店还有何用？如果每个人都能在线点播5000种节目，那么NBC还有哪些存在的意义？

正当批发商心急如焚的时候，艺人与内容制作者却沾沾自喜。网络提供了对抗权威的办法，使新小说、新专辑、新产品的发行不再受到有限的货架空间的限制。网络意味着无限的货架空间，于是每个人都拥有了成名的可能性。

《连线》杂志从1993年开始，开发首个商业网站，"无限的货架空间"就成为经常被作者使用的短语，与这个短语紧密相连的是"绕过编辑"，以显示出编辑是多余的中间环节，作者和读者用不着忍受中间人删减的动作。未经加工的作品能够从作者流向读者，一字不漏，原汁原味。然而，第一版原型就令我们确信，网站不能这样运作。我们的网站从发布到今天，一直遵循了一个特殊原则，那就是，在网络经济中，中介至关重要。网络空间的包容特性——网站数量已经超过100万——证明网络经济恰恰需要中介。网络技术不但不会遏制中介，反而会促进他们的生成。网络正是中介的摇篮。

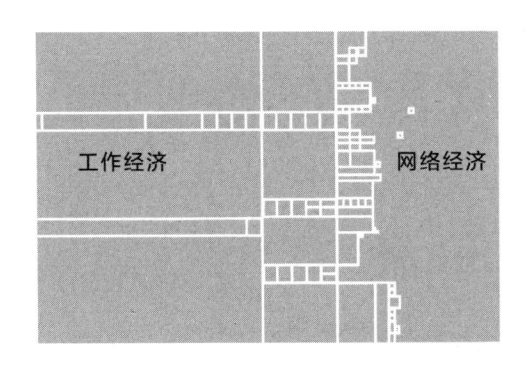

工业经济——网络经济技术刺激了中介的扩散。大量的小公司发现了前所未有的利基市场。

网络去哪，中介就会跟随到哪。而且，节点越多，中间人就越多。

发生在任何时间与地点的交易成本越来越低，因此那一片充满价值的金属可以被嵌入任何流程或产品中。由于每个芯片的成本低廉，原本容纳一个中介的成本空间现在能容纳多个芯片。交易成本降低到微不足道的程度，碎片化的价值可以被加在任何流程或产品中。

此外，网络的组合数学效应为中介提供了机会。按照定义，每个节点都应该位于两个节点之间。网络中成员之间连接越多，可成为中介的节点就越多。网络中的任何对象都充当了其他对象的中介。

网络中的所有节点都是中介。

总有一天，世界上每个人都会拥有自己的邮箱。等到那天来临时，我可不希望一天收到60亿封邮件，被告知每个人心中所想。到那时候，世界上一半人口可能在做生意，其中一半可能是初创企业。我不想收到广告，因此我会在邮箱和发件人之间引入中间人，用以整理、引导并筛选收到的邮件。如果我想联系住在中国新疆的Mohammed Jhang老先生，告知他我最新研究的关节炎疗法，那么我就需要借助中介找到他，并穿过它的层层邮箱筛选。为了增加我的成功概率，我或许需要更多的中介，比如广告商、彩票，定位中介，引诱他进入公共场所，或许是赛鸽场，也可能是他常去的电影院，从而令他注意到我的研究成果。当然，谁都可以搜索"针对关节炎的新型基因疗法"，然后找到32000个结果。但是你需要中介来担保疗效，你需要中介来比较不同疗程的价格。

新经济体中的虚拟市场能够容纳比老式交易市场多得多的中介。激增的中介组成一个夸大的中间市场。随着网不断扩散，中间领域里相互交叠的兴趣也不断扩散。实际上，与其说超级中间市场表示一个尺寸，不如说它更像一个形状。

技术对于公司的规模有很大影响。电梯的发明使高楼大厦拔地而起，上千名员工得以在紧密的物理环境中共同办公。高楼大厦开启了中央集权公司制的黄金时代。电话普及每个工位，这方便了中央集权的公司将分支机构开设到邻近的城市与州，公司的员工规模越来越大。在巅峰时期，1967年通用汽车所有工厂和行政楼中共有85万名雇员。

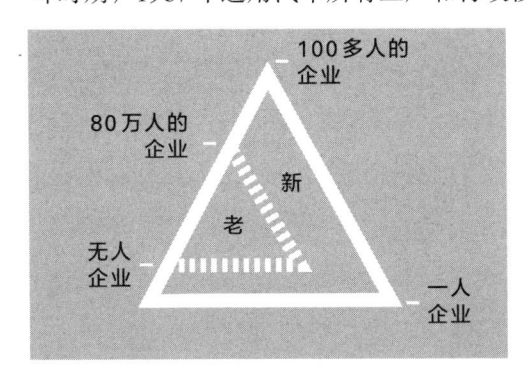

随着网络技术的产生与普及，大公司的规模越来越大，与此同时小公司得以出现，中型公司的数目也在增加。

计算机与网络技术扭转了公司规模的增长趋势。在技术的支持下，过去8个人能完成的任务现在只需7个人完成。对技术严重依赖的公司得以减少雇员数量。微软这样庞大的公司也仅仅雇用了20000名员工。如果说利用一点点网络技术的公司得以缩减规模，那么以此类推，大量使用网络技术的公司能够不断缩减规模，直到剩下一名员工。一些统计数据肯定了这一趋势：目前美国拥有1400万名自由职业者，830万独立合约工，260万临时工。因此，总计2500万的美国人都以个人为单位工作。照这个趋势下去，几十年后每个人都会成为自己的老板，美国也将

Chapter 7
从地点到空间：制造巨大的差异

成为一个自由职业者的国度。

然而,网络的作用是双方向的。网络技术不但推动了自由职业的兴起,而且同时助力了超大型组织的形成。对美国来说,成为自由职业者国度与成为大集团国度的可能性均等。到目前为止,真正的"大规模"还未实现。然而,尚未开垦的全球市场仍有许多发展空间。拥有即时通信工具后,人们就掌握了地点转换的超能力,因此我们将很快见证超大型公司的产生,其规模之大使过去的通用汽车都相形见绌。未来将出现一家真正意义上的全球性咨询公司,如安盛咨询或者安永的咨询公司将在全球范围内雇用上百万名员工。

但是大公司的"大"在未来或许拥有完全不同的意义。

在网络空间中,"规模"将被赋予不同的意义。新型组织通常呈扁平状延展并扩散,核心相互嵌套,中部膨胀。与其改变规模,公司更可能改变形态。在工业时代早期,规模分化呈现两个极端,一端是"世界"或者"大众",另一端是"个人"。工业革命强调,生产规模越大,效率越高。大众社会与大众消费由此形成。对大规模的追求贯穿整个社会。如果一个生意做好了,就值得扩展到全球。摩天大厦、大型工

---

1 2001年更名为埃森哲公司。——译者注

厂、巨型水电站与桥梁彰显了人类的野心。那个年代，通信工具也大展拳脚。纸质印刷品与无线电信号肩负着信息传递的任务，从单一源头教育并调动了上亿民众，其重要意义可以与任何钢铁制品媲美。最能彰显"大规模"之威力的莫过于电视。一个小小的电波能够跨越上千里的距离，同步扩散到千万人的终端上。

"二战"后，"唯我主义"在大众广告与个人崇拜的浪潮中悄然兴起。人们对心理分析、自我意识、个人表现与自尊心的热衷，在20世纪70年代达到顶峰。信息时代刚刚萌芽，人们就显示出对个人主义的追捧。随着个人计算机、私人教练、私人顾问等的兴起，人们开始期待个性化定制一切事物。

在工业化过程中被遗漏的是中产阶级。过去，所有人都处于中间市场，所有事都发生在中间市场。中产阶级的规模曾经以地理意义上的城镇（以万计）、社区（以千计）以及街区（以百计）而扩大。中间市场在地理环境中适得其所。

这样一来，事物不是越做越大，就是趋于个人化。这种两极分化的压力遏制了地域的生命力。现代人的思路是，这个东西要不是大家都喜欢的，就应该只对我有吸引力。对大众社会与个人崇拜这两种趋势而言，中间市场一直是难以捉摸的诡异地带。那时候，从经济和技术能力来看，没有什么能够满足5000人的需求。大众传媒或个人芯片都无法受用于城镇或街区。

网络经济推动中间市场的形成。它输送技术，促成中间市场（工业时代无法实现）。

大规模生产技术仍将存在，个人定制技术将不断加速，但是史上第一次，我们拥有了比个人规模更大、比大众规模更小的技术。我们拥有了充斥着中产阶级的网络。

未来主义者阿尔文·托夫勒（Alvin Toffler）说得好："大众社会的时代已经结束。"他又随口一说，"批量生产、大众消费、大众教育、大民主、大杀伤力武器或大众传媒将不复存在。"

随之而来的将是"分众利基市场"（demassified niches）：利基生产、利基消费、利基娱乐、利基教育、利基世界。社团、同类小组、俱乐部、特殊利益集团、宗族、亚文化群、部落、教派。再没有什么是乌托邦世界。我们现在拥有了以网络为中心的另类传播媒介，它取代了诸如无线电视的大规模技术。

在通信媒体中，最能看清楚中间层面临的问题。假如说，你想要每天与1万人沟通——除非你希望与一个地理范围内的小组交流，如一个小城镇，或某城市的一部分，你别无他选——你可以向100万人广播，吸引其中1万人的注意力，你也可以从你认识的人入手，逐个联系他们。但是这两种方法都不省事。零售商称这种现象为"困难的中间市场"，因为向1万名兴趣相仿、地域相异的用户提供服务并非易事。零售商渴望吸引中间市场，因为他们意识到，你无法仅仅依靠单纯的金钱交易吸引消费者。你需要交易市场中的其他要素，如交流、闲逛、调情或者看看路人。总之，在你拥有业务前，你需要一个人数不多不少、人与人互相交流的社区。

要想建一个购物中心，你首先需要一个社区。社区比商业重要。

艰难的中间市场是一个普遍问题。我们能够通过目录和索引，直观地了解一本书中的观点。我们也能通过卡片目录，了解图书馆中几百万本书中的观点。但是我们没有任何工具，帮助我们洞悉艰难的中间市场，如某个专业领域中1万名专家的观点，或者1000本书中的观点。如果你想了解美国内战这个话题，你去哪里找到全部文献中关键词、核心话题或核心观点的清单呢？

在过去你很难找到。今天，万维网（www）的符号一下子闪过脑海。在万维网中，我们看到创立中间市场的希望。在这种情况下，我们可以将所有相关文件的超链接进行筛选和分类，制作中等规模知识库的索引。

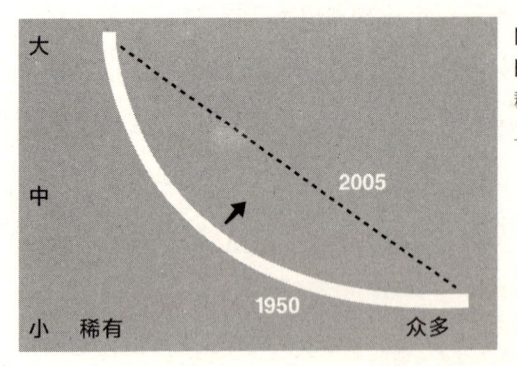

网络技术可以为以前被忽略的社区和城镇规模的群体——准中介群体提供服务和商品,这在经济上是有意义的。

电子社区促进了中型社区的兴起。网络不同于无线电广播或计算机芯片,它使能量从一个人传递到他的朋友,继而传递到他朋友的朋友,他朋友的朋友的朋友……网络架构师得以寻找、培养、说服并管理数量中等、志趣相投的粉丝和社区,并使它们发扬光大。换种说法就是利基市场。基于邮政系统的杂志在过去100年里一直服务于利基市场。但是,一些新型关系随着宽带网络而创建,例如即时回复、对称带宽、真正的平等沟通、归档、筛查、集体记忆等,而这些是邮政系统与杂志无法提供的。

网络逻辑从多角度支持中间市场。第一,获取信息的成本降低,志同道合者可以更高效地互相找到并连接两种兴趣。一旦连接上,低廉的传输成本有助于使已有联系更加紧密。第二，对称的信息收发、文本视频音频传输、3D空间、存档，隐私控制，这些都大幅提升了之前较单薄的虚拟社区体验感，并提升社区凝聚力。第三，网络中随处可见的虚拟货币意味着经济活动可能在任何利基市场形成。过去育狗员之间交流互换的知识在融入网络经济后，在整个社区中就能成为有利可图的生意。第四，网络经济淡化了边界的概念，这意味着，理论上讲，全部60亿人口都可能成为萌芽状态中社区的潜在客户。按照收益递增准则（law of increasing returns），小规模的生意得以成长为中型规模。过去任何一个受粉丝追捧的概念，今天就对应了一个网站。未来，每一种令人们狂热的事物都能吸引1万名粉丝。

网络经济调动起了"爱好者部落"与"信息达人"的力量。业余爱好者扎进网络，探索彗星，发现化石，跟踪候鸟的迁徙，做得比专业人士还像样。通过分享兴趣与小窍门，业余爱好者利用学校还未传授的最新语言开发软件。这些自行发起的、不为人知的社区在网络上得到解放，成为新型权威。

默片爱好者与陨石收藏家迅速地在网上聚集，因为网络空间将他们黏合成为一个中间市场，最后被商人或销售人员瞄准。埃及学者或癌症患者能够创造一个中型市场（既不算微不足道，也不算巨大），散播知识与新点子。在大众市场，像少数部落或克林贡语使用者的利基社区并无立足之处，但是网络为他们创造了一个赖以生存的空间。

然而，无线电广播电视和大规模印刷并不会就此消失。全民网络的主要优势在于，信息可以像涟漪一般，穿过网络中地位平等的节点，但这也正是网络的主要不足之处。信息只能通过非直接渗透传递，传递方式很像一条八卦新闻。这样一来，如果想要同时向各个部门散播消息，网络就成了最大的障碍。

从大众传媒到"混乱"传媒。

在新的混乱媒体中，谣言、阴谋、妄言满天飞，这些始终都是社区的缺陷。网络的中间市场需要了解如何对抗网络的不可预知性及偏执的脆弱性。如果能对这些缺点加以利用，广播仍能在网络经济中蓬勃共生。有时候，向大批公众发送即时的信号很有必要。广播通路仍然会起到应有的作用，内容也可能被直接推送给用户。

广播能够引起公众注意，网络能够发现社区，两者相辅相成。网络能使任何规模极端化；规模大的会变得更大，规模小的会变得更小。在不久的未来，大型组织与小型组织会向着两个极端发展，达到前所未见的程度。比如，一些银行会发展成庞然大物，与此同时一些银行会缩小到一张卡片的大小，为上百万人随身携带并使用。中部市场也会扩大，曾经以地域为界、难以触及的市场将重新焕发生机。

网络中节点与链接所形成的空间将创造新的社会组织、新形式的公司。它们规模各异，组织结构一反常态。我们即将迈入一个新世界，在这里任何商业形态都将成为可能。

策略

网络的唯一界限是边界。自旋星系网络会自行产生推力，将内部物质推向外沿。在这种结构中，内部几乎不存在任何物质，因此，与其抗拒这种向心力，公司更应考虑将工作外包给网络中的其他公司。事实上，抗拒这种力量的最佳方法是，外包看似最核心的业务。例如，一些航空公司将空运运输业务外包给其他公司，尽管搭载货物的飞机来自本公司。拒绝外包核心业务的原因众多，但是其中绝大部分都忽略了网络经济的向心力。

准备好迎接随时突袭的"网络闪客"。电子空间催生了这样一批用户：他们瞬间来袭，瞬间撤离。在"深蓝"与加里·卡斯帕罗夫那场著名的象棋比赛过程中，IBM网站迎来了500万名访问者。而比赛一结束，观战者全部作鸟兽散。在1996年美国总统大选前夜，5000万用户同时登录了CNN网站，到第二天网站访问量就跌回到平常水平。这些网络闪客可能在同一天围堵在你的门口,第二天就四散一空。一浪接一浪的用户从一个热点转移到下一个热点。但是,物理空间的本质是,要为闪客的出现做好准备。当他们出现时,你必须做出适当的应对措施。

08

和谐不再，乱流涌现：
找寻失衡状态中的持续性

    从工业角度来看，经济就像一台高效运行中的机器，调试合适可实现和谐高产。能够大量提供就业与产品的公司或产业必须被不遗余力地保护起来，就好像在玻璃展台中的名表一样。

    随着网络在世界范围内的扩散，经济环境开始展现出有机环境的特质，各个部分相互连接，共同进化，而且不断变化，紧紧缠绕，边际不断延展。最近的生态学研究表明，自然界中不存在平衡状态。在进化的作用下，新物种不断代替旧物种，生物群的构造持续进化，生物与它们栖息的环境改变着彼此。

    即便保留了原始地貌的硬木林或沿海湿地，表面上各种物种展现出令人叹为观止的和谐，但那只是瞬间的状态。自然界中的和谐稍纵即逝。在生物学概念里较短的一段时间中，物种就已经发生了翻天覆地的变化，生态系统发生迁移，物种也经历了更新换代。

网络世界亦是如此，公司不断更迭，如过眼云烟。职场生涯不过是拼接在一起的各种差事，产业也不过是一些三十年河东三十年河西的公司，进行着无数种排列组合。

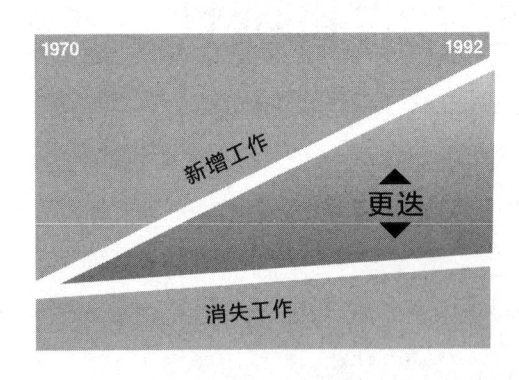

旧工种越来越多地被淘汰，但是不如新工作涌现的速度快。最重要的是，两者之间的差值越来越大。

对于工业经济及萌芽期中的信息经济来说，"改变"都不是一个陌生的概念。1970年，托夫勒发明了"未来冲击"一词，形容人类即将迈进的加速变化时期。

但是网络经济从改变进入"流变"状态。

改变意为快速的变化，尽管有时是惊人的。流变则更像印度教中的湿婆神，它是一股充满破坏与新生的力量。流变推翻既有事物，为更多创新的诞生提供温床。这种动态或许会被看作"复合再生"，它源自混乱的边缘。

美国得克萨斯州立大学的唐纳德·希克斯（Donald Hicks）在过去22年中一直在研究得克萨斯州公司的半衰期，他发现，从1970年起，公司的"寿命"减少了一半。这是改变。然而在得克萨斯州的奥斯汀，新业务的"寿命"虽然最短，但是工作机会增速最快，薪酬水平最高。这是流变。

希克斯告诉赞助商："养活2026年的得州人，甚至2006年的得州人的公司或就业机会今天还不存在。"因为流变的出现，如果你想在2020年创造300万个新的工作职位，就需要提早10年创造1500万个新职位。"与其认为目前的工作职位需要受到保护与发展，不如说政府更应该鼓励不断翻转现有经济，也就是不断重塑经济。"杰里·尤西姆（Jerry Useem）写道。他就职于一家名为Inc.的小杂志社，希克斯的报告就刊登于此。讽刺的是，只有推崇流变的经济，才能在长期的未来中实现稳定。

如果流变状态受到抑制，衰退就会缓慢来袭。让我们用欧盟与得克萨斯州及美国其他49个州进行对比。1980年至1995年，欧洲保护了1200万个政府职位，在这过程中，员工培养活动停滞，私营部门失去了500万个工作机会。美国则孕育着流变,那里4400万个旧工作职位从私营部门消失,取而代之的是7300万个新工作职位,净增2900万个。同时,美国政府的1200万个工作职位也得以保留。身处乱世之中,流变为王。

对生态学家和管理大型网络的人来说,流变的概念并不陌生。网络中新的生命力不断涌现,这就要求它不断打破自己的平衡。

如果系统保持和谐与平衡状态,那么它最终会停滞甚至死亡。

创新就是颠覆,永恒的创新即持续的颠覆。运转良好的网络希望达到一个目标,那就是保持永恒的失衡状态。一些研究新经济体的经济学家(包括保罗·罗姆和布莱恩·亚瑟)也得出类似结论。他们的研究表明,强劲的增长能够长时间在混乱边缘自我维持。亚瑟写道:"如果你问我研究的目的,我会回答,'为了证明经济的自然状态体现为更新换代、改变以及混乱。'"

混乱与混乱边缘的区别非常细微。苹果公司不断追寻失衡状态,从而保持它的创造力。它或许太过离经叛道,以至于完全失去平衡,自取灭亡。或者,如果它够幸运,它可能在经历濒死体验后攀越另一座高峰。

流变也有它的阴暗面。在新经济体中,既有公司不断被淘汰而灭绝，或是涅槃成为新领域中的新公司。产业与就业机会也经历了类似的周而复始。终身雇佣制，或是不断变更工作的现象将不复存在。"职业生涯"一词（如果还适用的话）会更普遍地代表多种多样、同时进行的任务，热门的新能力将替换过时的旧职责。目前，两成的美国人通过非传统雇佣关系工作，其中86%的人表示他们对这种安排很满意。

最能体现流变趋势的范例莫过于以南加州为中心的娱乐产业。好莱坞的"文化产业复合体"不仅包括电影，还包括音乐、多媒体、主题公园设计、电视制作及广告。

大型电影工作室不再局限于电影制作。充满创业精神的小电影公司组成松散的关系网，联合起来制作电影，成片以大工作室的名义面市。除了众多摄制组以及一众自由职业者，还有四五十家各类公司，其中包括特效制作外包公司、道具专员、灯光师、代发工资机构、安保人员及送餐公司，他们集中火力共同制作一部电影。在影片制作过程中，他们组成一个金融组织，当影片告罄时，这个临时组织随即解散。过不了太久，他们又会各自合成其他的电影制作公司，从事其他的临时任务。数字科幻作家布鲁斯·斯特林（Bruce Sterling）[1]将这种周转称为"好莱坞电影式临时工作制"。按他的话说，做电影的实质就是，"你把一群自由职业者凑到一起，洗几个胶卷，利用影片作为出卖附属权益的广告，插

---

[1] 美国科幻作家，最著名的著作包括Mirrorshades系列。——译者注

进录像带之后，小组就解散了"。

事实上，员工规模在千人以上的娱乐公司不足 10 家。美国洛杉矶娱乐产业中的 25 万名员工中，将近 85% 家公司只有不到 10 人。约尔·科特金（Joel Kotkin）在 1995 年时为 Inc. 杂志撰写了一篇里程碑式的文章，名为《为什么所有生意终将向演艺圈看齐》（Why Every Business Will Be Like Show Business）。他在文中这样写道："好莱坞已经从一个充斥了传统的大型垂直结构公司的产业，转型为全球范围内网络经济的最佳范例。最终，所有知识密集型产业都会进入扁平化、去中心化的状态。好莱坞首先实现了这种转型。"

在这方面，硅谷紧随其后。处在飞速变化与灵活环境中的信息、沟通与娱乐业务，都依赖灵活性与灵敏性。业务转变太过迅猛，以至于任何一家公司都会显得僵硬与古板。如果你无法在短时间内改变官僚体系，那么从一开始你就不应该建立这种体系。

网络充满骚乱与不确定性。不断摧毁已有结构看似太过猛烈，但是跟未来的冲击相比就是小巫见大巫了。作为习惯性生物，要挑战将既定成功拆解的必要性。我们不断见证新事物持续剧烈地诞生，这让我们感到疲惫不堪。在网络经济的摇篮中，新事物将不断涌现，而我们可能会将这种更新迭代视作暴乱。

说得诗意一点，新经济的主要目标是一家公司接一家公司、一个产业接一个产业地摧毁工业经济中的一切。

当然，工业区不能被完全摧毁。但是一个紧密连接、灵敏度高的新型组织的网络可以在旧工业区周围铺开。这些初创企业都寄希望于持续的改变与流变。

然而，改变并非什么新鲜事。一般的改变掀不起大风大浪，大多数改变不过是一种迭代过程，从中产生临时的新鲜感，不会形成大气候。在那些时候，迭代只是一种常态。但是在另一个极端，一些极其剧烈的变化彻底推翻了旧秩序。有些发明之所以失败，是因为它们过于超前。改变得太过火也是有可能失败的。

引领网络经济发展的是选择性周转，它以适当的强度，激发适当的改变。在很多方面，这类改变都等同于我们常说的"创新"。

创新一词用得太频繁，人们甚至忘记了它的真实含义。创新的一步不应是保守的或显而易见的，也不应是一大步。创新的一步是一种改变，既不是毫无章法的迭代，也不是令人无福消受的粗暴。把一种事物的变体称为创新并不合宜。我们也不能把理论上而非实践中的进步称为创新。需要过分改变他人举止的巨变亦不能称为创新。

真正的创新要足够与众不同，同时具有危险性。它可能差一点就会被视为荒唐事。它在灾难的边缘，但不会越界。它可以以任何形态呈现，唯独不会是和谐的。

创新性迭代在网络经济中扩散，正如效率在工业经济中的普及。创新性迭代指的不仅是有趣的新发明，尽管每天都有人这样做。创新与迭代将充斥整个新经济的处女地。创新可以出现在：

◎新产品；

◎新品类；

◎制作新旧产品的新方法；

◎生产产品的新型组织；

◎新产业；

◎新经济。

以上这些创新形态扭曲翻转，与危险的变化交织在一起。这就是为什么人们狂热地追求创新。管理大师喜欢喋喋不休地讲创新如何势在必行，他们是对的。公司仍然需要追求卓越、服务品质、架构重组及实时监控，但这些都不能像"创新风暴"一词贴切地概括新经济中的长期任务。

在计划经济的死亡与混乱变异之间，新生命诞生了。改变太多的话就会出现失控的局面，规矩太多的话——即便是新规矩，也会导致系统麻痹无力。最优系统的特点是规矩少，临近混乱。在系统中，成员之间形成足够共识，他们互相约束以至于不会陷入无政府状态。但是重复、浪费、不完整信息及低效率等弊病比比皆是。

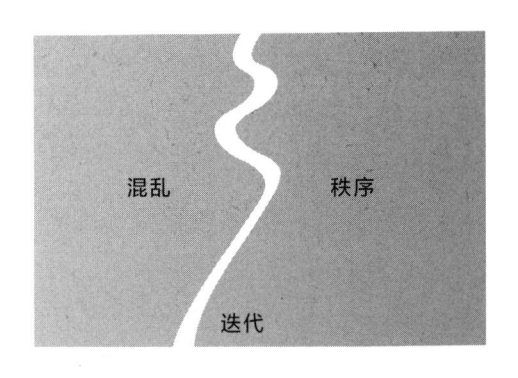

大型系统必须行走于僵化的秩序与混乱的毁灭之中，因此网络持续地处于骚乱与迭代中。

我曾参与了一些成功引发变革的组织，也间接了解了许多用创意改变世界的组织。从我的经验看，这些组织在巅峰时期都在混乱边缘摇摆不定。不管他们以何种形象面对公众与投资人，他们大多都在幕后呼喊着"这里失控得快要疯了"。在某种程度上，每个组织都忍受机能紊乱之苦，但是对于黄金时期中的创新组织而言，沟通不协调、天才之间激烈较量及可能致命的组织紊乱等现象十分常见。所有人都表示，他们会引入恰当的架构，防止组织在未来的发展途中熄火。但是，激进式创新总出现在一团乱麻的变革途中。许多关于复杂系统中最优进化的研究都肯定了这一观点。激进变革的代价是一场刺激而又危险的疾驰在颠覆边缘的过山车之旅。

许多组织经历过创意火花迸发，或是诸事都进展顺遂的瞬间，但商业与生活中的圣杯是寻找保持平衡的方法。保持创新尤其困难，因为创意常常游离于失衡状态。

为了延续创新，你需要追求持续的失衡。而追求持续的失衡意味着不能被颠覆吓倒，半途而废。

无论是公司、机构或个人，你必须能够在失败边缘保持泰然自若。这个高危位置时刻面临崩塌的风险，但你必须时刻找回平衡，不能轻易倒下。不过你也不能抛锚维稳。你仿佛要在灾难面前小步跳跃，以坠落为动力走向辉煌。许多人把这个过程比作冲浪。面对不断翻滚的浪花，你迎浪而上，在随时分崩瓦解的浪尖上摇摇晃晃，驾驭湍流，化为不断向前的动力。

创新很难被制度化。创新常常需要颠覆自己建立的规则。理论上说，创新意味着从已经建立起的模式中跳脱出来，也就是不走寻常路。在流变湍急的时期，如我们目前从资源经济到知识经济的转型期，变革将进入其他层面。

变革以不同形式显现，游戏本身的改变带动游戏规则的改变，规则

的变化方式也将发生改变。

第一个层面是游戏本身的改变，它引起了目前一种显著的变化：新赢家、新输家、新生意、新英雄的诞生。我们见证了沃尔玛与纽柯钢铁公司这种冉冉升起的新星。

第二个层面是游戏规则的改变，它造就了新的业务种类、新的经济部门及新的游戏。这种变化中诞生了微软和亚马逊这种公司。

第三个层面也是我们正在进入的层面，革新改变了革新本身。尽管新经济从前两个层面激发了改革，但它最深远的影响是改变了革新的方法。革新自我加速。它变形成为创造性破坏，激起流变，然后以场效应四散，因此我们无法精确定位根源。它颠覆了传统意义上的变革。

高科技系统变得越来越有机。人们可能需要一段时间来适应这一趋势。网络是不断成长的，进化也可以被移植进入机器中。技术免疫系统可以用来抑制计算机病毒。这一新式生物学直接渗透新经济中。生物学名词越来越适用于比喻经济学术语。

把经济想象为活物是非常有力的，但这并非什么新生事物。亚当·斯密把经济中的活跃部分比作"看不见的手"，卡尔·马克思经常提到经济的有机性，连传奇性的严肃经济学家阿尔弗雷德·米歇尔（Alfred Marshall）也在1948年写道，"经济学家的麦加圣地是生物学"，这句话写于工业革命的鼎盛时期。当时,信息的冲击波才刚刚来袭。

建立生命系统模型并从中提取理论的难度很高,想要预测就更难。直到最近,经济学的焦点才摆脱了对经济平衡点的理解,主要因为任何复杂的东西都难以计算。讽刺的是,曾搅乱经济的计算机技术,现在却用作建立经济模型。随着芯片能力越来越强大,动态、学习性强、自我供给的经济理论就能逐渐形成。

不论在我们的脑海中还是在现实中,网络经济世界并非和谐静滞的港湾,相反,它是一个需要剧烈流变和创新的系统。能够驾驭改变与差异化的人将获得犒赏。

策略

勇于面对混乱边缘。剧烈改变需要付出代价,它意味着支持裁员、效率低下,但可能遭到眼不着沙者的强烈反对。如果没有员工抱怨周遭的混乱,你反倒可能遇到问题。当然,整个机构不必陷入混乱无序的状态(人们希望财务部门能够幸免),但是核心部门必须保持混乱。一些职位可采取轮岗制。然而从现实情况来看,保持失衡状态并不容易。

开拓流变。传统的电话制造工艺为杜绝噪声和不确定性,在发送与接收方之间建立起了最优化的短距、不间断电路,前提是假定线路稳定。网络则要随时考虑混乱因素，它将在很短时间内全面取代电话系统。在网络中，散落的信息碎片在重复的线路之间传递，当信息迷失在混乱的线路之间时就重新发送。网络遵循的逻辑是：接受错误，并在流变中不断学习，而不是禁止错误的产生。找到流变所在，然后驾驭它。

你无法植入复杂性。网络对大规模的剧烈变动是抵触的。要想引入一个新的大型系统，唯一的方法是令其自由发生。你无法单纯地植入它。苏联解体后，俄罗斯试着引入资本主义，但这种复杂的系统无法被设置，它必须自由发展。要想将大型组织引入网络经济中，就必须确保各个组成部分拥有自治权。同样，网络需要成长，而非植入。大型网络需要日积月累的发展过程，先利用小型网络进行试点，然后增加更多复杂的节点和层次。每个大型系统都由成功的小型系统发展而成。

保留核心，让其他部分"随波逐流"。吉姆·柯林斯（James Collins）与杰里·波拉斯（Jerry Porras）在其经典畅销书《基业长青》中，阐述了一个极具说服力的观点。一些基业长青的公司之所以能存活50年以上，是因为他们保留了一小部分亘古不变的核心价值，在其他方面不断激发创新与发展。这里的"其他方面"可以指公司业务的转换，如从采矿业转换到保险业。除了核心价值，任何事物都可以融入流变中，无一例外。

09

关系技术：
始于技术，成于信任

在工业时代，经济规则的核心是提高生产力。制造业企业的所有组成部分——从生产机器到组织架构——都为提高经济与生产效率而生。但是，对于目前网络经济中的产品来说，生产力几乎是一个子虚乌有的概念。

在网络经济中，经济规则的核心是增进联系。

网络公司的所有成分——从硬件到分布式的组织结构——都为了提高经济中各种关系的质与量而设立。

网络结构促进关系的形成。网络对关系的促进作用好比河水载舟。当所有事物相互连通后，关系网开始蔓延。网络中的各种连接都是在建立一种关系，无论是公司与公司之间，公司与客户之间，客户与政府之间，客户与客户之间，客户与其他公司雇员之间，客户与机器之间，机器与机器之间，还是物品与物品之间，抑或是物品与客户之间。

网络经济中的关系精妙且复杂。每种关系都显示自身的动态与独特之处，而孕育它们的是不同类型的技术。加载安卓系统的芯片与无限带宽归根结底都是关系技术（Relationship Technology）。"我们不应总认为技术就是管理信息的方法，而要把它视作建立关系的中介。"迈克尔·施拉格（Michael Schrage）在论及新的协作技术的《思维共享》（*Shared Minds*）一书中写道。那些硅芯片能够在一秒之内处理数十亿字节的信息，但它们最重要的产物其实是关系。

当然，名誉与信任在任何经济世界中都很重要，那么现在有什么新变化吗？只有两点：

◎生产力的重要性越来越低，建立关系成为最主要的经济活动；

◎通信技术与全球化正在增强通常意义下的关系，并把它们转变成令人兴奋的"超级关系"——超越了时空、距离和形式的约束。曾经的穷乡僻壤如今成为奇幻仙境。

超过两个人之间的关系可以按照层级结构或网络结构来组织。在层级结构中，一个成员的地位取决于他相对于其他人享有多少特权。而在网络结构中，成员以对等身份建立联系，他们享有均等的权利与机会。过去，在信息匮乏的情况下，构建一个复杂组织的最佳方法就是构建层级架构。排位制能够有效弥补即时信息的缺失。无须信息，你只需服从命令。

然而，信息充足时，对等关系取而代之。

事实上，一旦可靠信息唾手可得，对等关系的崛起就势在必行。计算机与通信系统在各个维度释放上百万件的信息碎片，对等关系在诸多维度中出现。电子邮件和语音信箱迫使公司直面对等关系。人们充分意识到了网络技术的扁平化效应及其在商业组织中造成的混乱。不过，在所有正在发生的关系变化中，老板与雇员之间的这种对等关系远非最重要或最有趣的一种。

意义更为深远的一种改变，是客户与公司之间日趋对等的关系。而比这更重要的是公司与公司之间迅速结成的层层叠叠的网络关系。而比之更有活力的则是客户与客户之间刚刚萌芽的横向关系。最后，也许也是最为重要的一种变化，客户（不是公民）与社会其他组成之间的关系——尽管其尚处在定义阶段——随着经济渗透到社会的方方面面而日益提上议程。

以客户与公司这两个恒久永存的角色之间的关系为例，在网络经济中，客户与公司员工之间的界限经常消失不见。

当你在加油站自助加油时，你是受雇于加油站，还是为你自己工作？那些站在ATM机前面排队的人是高度进化的银行客户，还是不计报酬的银行柜员？当你在家自己验孕时，你究竟是独立女性，还是帮助医院减少就诊压力的一个环节？上述问题的回答是，两者皆是。当每个人与网络连通时，我们很难界定你归属于哪一方。

网站和热线服务电话使得客户能够几乎同等程度地享用网线或电话线那一端公司"内部"雇员可享用的企业知识库。许多技术公司将客服人员使用的技术资料与帮助指南放在网站上。你可以请训练有素的客服为你排查问题。如果你等不及，也可以尝试自己寻找答案。这样看来，究竟谁雇用了谁？

与此同时，公司内部签署劳动合同的复杂性（尤其在高科技企业中），已经趋近于外包公司签订合同的难度。股票期权、行权限制期，名目多样的保险与福利、遣散费条款、竞业禁止协议及业绩指标，每项都要为雇员量身打造。一位高薪聘请的技术人员实际上相当于一名永久顾问，一名在职的局外人。

局外人的行为类似雇员，雇员的角色又像局外人。新型关系模糊了雇员与客户的界限，使公司与客户合二为一，呈现为一个整体。

这种用户与生产者之间紧密的共同进化并非只是说说而已。事实上，电话公司销售的不过是让客户互相对话的机会，这些对话由用户自己创造。你可以认为电话公司与用户共同创造了电话业务。这种起点与终点的模糊性质也已渗透到其他网络服务中，如"美国在线"[1]，其销售的主要内容都是用户以发帖或聊天的形式创造的。"美国在线"用了很多年才弄明白这一点。他们最初想按照工业生产的逻辑，贩卖由专业人士高价制作的可下载资源。但当他们意识到客户其实是在像雇员一样生产内容时，公司就开始盈利。

网络不断瓦解产品生产者与服务消费者之间的旧式关系。现在，生产者在消费，消费者同时在生产。

在网络经济中，生产与消费合成一个动词：产消（prosuming）。

1970年，"产消者"第一次出现在阿尔文·托夫勒的作品《未来的

---

[1] 美国在线（AOL）是美国时代华纳的子公司，著名的因特网服务提供商。2001年，美国在线与时代华纳合并，2015年，美国在线被Verizon公司收购。——译者注

冲击》(Future Shock)中,时至今日,这本书中的内容仍有预见性(托夫勒就职于电话网络公司时,发现了自己作为未来主义者的天赋)。从自助餐厅到自我保健领域(你既是医生也是病人),今天随处可以见到"产消者"。

"产消"的未来在网络中尤其清晰,一些最了不起的产品正是出自用户之手。

在多人在线游戏《网络创世纪》[1]中,每位玩家都能得到一片领地与一些道具,之后你需要自力更生,打造你的精彩世界。在这里你可以创造角色,为他设计服装,获得特殊技能,之后创建历史。其他与你互动的上千个角色同样由"产消者"创造。你展开的冒险完全由其他参与者铺设。就像是一个真实的小镇,共同的体验——也就是游戏的唯一卖点——由一切体验它的人生产。

这些热衷打造游戏世界的人可以被看作不计报酬的内容制作者;他们甚至会付钱给你以获得创作的机会。这个世界充满了客户,他们被给予工具,可以按照自己挑剔的标准来打造他们喜爱的产品。在新经济语境中,这叫作大规模定制(Mass Customization)。

大规模定制的前提非常简单。技术使我们能够面向更细分的群体设

---

[1] Ultima Online,是由 Origin System 公司以其著名游戏创世纪(Ultima)系列产品为背景所开发出来的大型多人在线角色扮演游戏,于1997年9月24日上线。——译者注

定产品规格。最开始我们为上百万个顾客生产芭比娃娃，之后更灵活的制造设备及更精准的计算机辅助营销使得我们能为几万个顾客制造有民族特色的芭比。随着市场研究能力与信息技术的提升，我们就能为几千人制造亚文化芭比、单车芭比乃至垃圾摇滚（grunge Rock）芭比。

最终，只要有适用的网络技术，我们就能为个人定制芭比娃娃，一个属于你的芭比娃娃。事实上在美国科罗拉多州的立托顿（Littleton），有一家公司专门制作和顾客长相一样的洋娃娃，叫作"我的孪生兄弟"（My Twin）。洋娃娃的眼睛和头发颜色可以根据孩子的照片来定制。

在客户与企业建立起的全新关系中，因为客户参与了部分产品的制造，他们就更容易从最终产品中获得满足，这是"产消"与"大规模定制"最有趣的效果。客户教会企业如何取悦自己，而企业与客户之间形成一种更完整的关系。

但是，为"个体的利基市场"（Niche of One）制造产品仅仅是客户关系转型的一小部分（美国底特律的汽车制造商很早就学会生产个性化汽车，但除此之外没有掌握其他要领）。数据挖掘、智能卡片及个性化推荐引擎等网络技术将不断提升公司与客户之间的关系。

这种与客户建立更加亲密的关系、鼓励产消模式的拉动力，可以用以下一系列渐进的目标来表述：

◎创造客户想要的；

◎记住客户曾经的偏好；
◎猜想客户的偏好；
◎最终，改变客户的偏好。

每项任务都要求给客户公司提供更多的产品和服务，进而也提升了客户对公司的参与度。

创造客户想要的。

有时这意味着简单的定制——你想要别人没有过的度假经历。有时这意味着大规模定制——你想用普通牛仔裤的价格定制一条贴合自己腿形的牛仔裤。有时大规模定制并不是你想要的——时尚产业利用人们效仿他人着装的心理获得收益。有时你想要的是半定制——你和很多人都在阅读《纽约时报》，但是你不一定需要读体育板块或讣告，你希望读到的不是"个人日报"，而是"你我日报"，一份你与你最亲密的12个朋友所感兴趣的报刊。

为了创造客户想要的东西，用户和制造者之间必须有大量的信息和信任交流。接口技术必须清楚易懂，使人们能够表达他们的欲望。必须精准管理生产和交付过程中如噩梦般的物流环节。这项任务中最难的部分不在于订单而是制造。任何涉及基本原材料的工作都不像想象的那样容易定制，但可以肯定的是，任何定制方案都离不开网络技术。

记住客户曾经的偏好。

我们做的大部分事情都是重复性活动。我们每天、每周或者时常会从事相同的任务。那些重复做的事情与那些只做一次的事情具有不同的意义。小事件有大意味。重复输入密码，点咖啡时重述一遍自己喜欢的口味，或者重复解释自己为什么不喜欢浴袍……这些小事都令我们心生厌倦。那些了解我们小怪癖（这些小怪癖也必须被了解）的人容易获得我们的好感，同样，那些了解我们小怪癖的公司也自然会赢得我们的喜爱。

跟踪与解读消费者心理的技术使企业与消费者的关系变得更紧密。公司必须花费大量精力记住消费者的偏好，消费者也要花精力教会企业如何记忆。此外，这种记忆必须足够智能。你每天都点相同的浓缩咖啡，但是如果天气冷，你会点一杯热拿铁。关系技术要足够强壮，才能学着区分特例。

唐·佩珀斯（Don Peppers）与马莎·罗杰斯（Martha Rogers）合著了见解独特的《一对一企业》（*Enterprise One to One*）一书。他们在书中写道：

"消费者与企业之间的学习型关系会越来越智能。每次互动都能更明确定义消费者的个人需求与品位。例如，一位消费者在订购食品时会参考上周的消费清单并做出一些改动。他通过这种行为，告诉超市自己的购买偏好与购买选择。如果企业学得好，它获得的奖励就是消费者与自己更忠诚的关系。佩珀斯与罗杰斯还写道："在零售业中，商场需要挖掘一种其他竞争者无法拷贝的消费者信息，只有这样才能牢牢控制住消费者的忠诚度。"与此同时，消费者一旦花工夫与某个零售商建立起关系，他更换零售商的成本就会与日俱增。帕博与罗杰斯写道："假如你的花店给你寄来一封信，提醒你母亲的生日快要到了，之后提议把今年的花寄到与去年同样的地址并从同样的信用卡上划款。这时，你拿起电话寻找一家便宜花店的概率有多少？"

关系需要双方的投入，因此其增值速度是单方投资的两倍。

替换关系的成本很高，放弃关系就相当于放弃了两倍的投入，你既放弃了对方在关系中的投入，也放弃了自己的投入。换句话说，收获忠诚的成本很低。正因如此，飞行积分与消费积分计划才能取得巨大成功，而这正是航空公司与超市共同投资的结果。会员卡副卡是拓展关系的另一个例子：追踪购买记录的成本远小于成为会员的成本——对双方皆如此，因而值得投入去发明其他的方式来推广这种方法。电话公司推出的"朋友圈"也是一种巧妙利用网络关系的试验。

更聪明的关系技术，也就是经济学家阿尔贝·布列桑（Albert Bressand）称作"R-tech"的技术，能够将消费者与公司更紧密地联系在一起。一种新兴的P3P标准提供了一种收集用户个人信息，包括姓名、地址，甚至偏好的统一方法。如果你经常购物，那么在你的智能卡或浏览器里就会存有一份基于P3P协议的"护照档案"。在交易中你会与经销商交换这份档案。这种技术将帮助公司记住你，同时你也在教他们如何服务于你，如何讨你的欢心。

偏好的可携带性非常重要。随着网络蔓延到商业的各个方面，跨平台识别身份与需求的能力就尤为重要。丽思·卡尔顿酒店对自己的酒店房间定制化服务非常自豪。不管你入住31家酒店的哪一家，酒店无须询问便能识别你的偏好。一些航空公司也采用了类似的做法。然而，要想在网络经济时代成功拉近与顾客之间的关系，他们还有很多发挥空间。

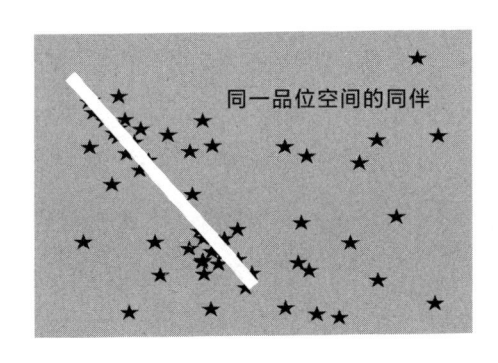

同一品位空间的同伴

在一个品位空间里对特定的书籍或电影有相同爱好的人们可以合作筛选，来帮助他们做出未来的选择。

猜想客户的偏好。

为客户定制小众产品只是 R-tech 的第一步。第二步是智能地记忆客户偏好。第三步是在客户表达喜好前猜测客户想要什么。这是衡量任何亲密关系的标尺。当你真正了解一个人时,你才能夸口说:"我知道她一定会喜欢这本书的!"

最基础的猜测技术是从客户过去的使用模式中推断其好恶。但是最强大的 R-tech 是建立在大量其他客户及其与预期需求之间的潜在关系基础之上。这种社会化的 R-tech 最典型的例子是萤火虫(Firefly)开发的基于网页的推荐引擎(该公司在 1998 年被微软收购)。它的原理是:我先告诉萤火虫的音乐供应商 MyLaunch 自己最喜欢的 10 张专辑,然后 MyLaunch 会比较我与萤火虫上其他 50 万用户的前 10 位推荐;接下来萤火虫对我的音乐品位进行归类,将我与其他在专辑选择上有交集的用户归为一类——尽管我与这些用户的某些选择重合,但仍有一些用户提到的专辑是我没有听过的,这时,萤火虫会提醒我听那些专辑;相反,那些重合用户也会知道我推荐的而他们没听过的专辑。系统推断我会喜欢哪些专辑,并建议我试听它们。

这个简单的系统出乎意料的有效。我鬼使神差地推荐了大量我喜欢的专辑。系统有许多精细的方法来提升它的有效性。我可以通过为系统推荐给我的音乐打分来教导它。譬如，系统有可能因为我将鲍勃·迪伦（Bob Dylan）列为我的最爱而向我推荐皮特·西格（Pete Seeger）的作品[1]。但是假如我在听过皮特·西格后非常厌恶他的风格，我就会告诉系统，不要再向我推荐西格或同风格的音乐。这样一来，系统就更加智能了。接下来我可以通过为更多的专辑打分，表达我对它们的好恶来更精准地定位我的音乐喜好（极端厌恶是与极端热爱同等重要的信息）。因为是在网络上，我还可以重温过去喜爱的音乐，或者为其他用户推荐的音乐打分。

这个系统最强大之处不在于单纯的推荐，而在于它为300万注册用户搭建的关系网。它连接起品位相近的用户。它鼓励各种流派的粉丝在论坛中对话，或建立邮件列表，或只是介绍一下自己。另一种关系从这个技术中诞生，那就是自我认同。

大多数听众的品位不容易被归类。他们同时是涅槃乐队、U2、披头士、琼妮·米歇尔和九寸钉的粉丝，他们会在难以命名的披头士、U2、九寸钉空间中找到自己的同类。通过萤火虫，这些人就能在一个自我构建的小群体中定位自己的音乐喜好。萤火虫的技术不仅可以应用在音乐上，也同样可以应用在书籍、电影和网站上。（萤火虫最近就把这几种

---

[1] 皮特·西格是鲍勃·迪伦最早的支持者。——译者注

领域移交给了不同的合作伙伴。)他们采用同样的评分系统,结果同样有用。而今天,整合起来的媒体空间更是极为丰富。怪异的亚文化甚至可以在它们被命名前就被甄别出来。既喜爱安妮·莱斯(Anne Rice)吸血鬼小说的,又喜欢西部乡村音乐和伍迪·艾伦影片的人们会发现他们是有组织的!自我认同是迈向影响力的第一步。

亚马逊和巴诺(Barnes and Noble)这样的网络书店正在利用类似的R-tech技术推销书籍,帮助读者更精明地消费。亚马逊开发的协同推荐系统基于与你购买行为类似的消费者。根据你和其他人曾经的消费记录,亚马逊建议你:亲,你应该还会喜欢这些书。并且,它通常是正确的。事实上,亚马逊的推荐系统十分有用,以至于它成为亚马逊的首要市场推广工具及利润增长点。根据公司发言人的说法,因为看到旁边推荐框中的信息而冲动购书的读者数量"颇为可观"。

《网络经济学》(Webonomics)一书的作者埃文·施瓦茨(Evan Schwartz)认为,亚马逊应该被看作一个主营"无形关系"的公司。"人们不应把亚马逊与其他实体书店相提并论。亚马逊真正增加的价值在于书评、推荐、建议、关于新书的信息和用户界面以及围绕某一主题建立起的社区。的确,亚马逊把书送到你家门口。但是作为消费者,你真正花钱买的是那些引领你购买的信息。"你的每次登录都会使亚马逊更了解你。

网络逻辑的美妙之处在于这套软件的原理并不依托于人工智能（Artificial Intelligence，AI）。它把每个个体所单独教授的东西汇集到一个分布式的数据集中，在此基础上完成协同工作。很多人教授的东西比较无用，但当所有的东西联结起来，就产生了有用的智能。网络的力量就来自每个成员愿意分享的细碎信息。从某种意义上说，它需要的仅此而已。

网络是孕育 R-tech 式创新的温床。如果你搜罗到了有用信息，又愿意把这条信息通过上述集体的方式传播给他人，那么网络的这种横向关系也能够提高其他人的搜索效率。类似这种"协同过滤"的社交网络功能能够在网络中、公司里和小的工作团队中广泛传播。

和其他技术进化相似，关系技术会首先在前沿领域中推动创新，继而进入寻常领域。

R-tech 诞生于网络世界，但是它会逐步从罐头食品渗透至体育器材的各个领域，甚至侵入电视节目或度假地。最终，R-tech 会影响到客户关系的终极层次：

改变客户的偏好。

客户与供应商之间的你来我往将他们牢牢拴在一起，直到双方的身份差异消失。在前沿领域，拥有专业知识的人员稀缺，这种现象尤为显著。在网络和电商的早期时代，没有人知道客户想要什么，或者供应商应该提供什么。专业知识必须共同开发，共同进化。公司需要培训并教育客户如何表达自己的需求，随后公司又被客户所培训和教育。20世纪90年代，当在线会议刚出现时，我们观察到了类似的现象。邮箱与聊天应用刚刚兴起时，没有人知道普通电子邮箱与优秀电子邮箱的区别，也没有人知道普通聊天区与出色聊天区的区别。最出色的网络公司所学到的东西都来自他们的第一批客户。但是客户对于应该期待什么也缺乏相应的专业知识，他们只能接受公司灌输给他们的愿景及一次次的跳票。客户和公司互相教育，共同探索什么是可能的。

好的产品和服务相辅相成。现有可能性催生客户的欲望，可能性又由追随客户新欲望的公司创造。由于网络中的创造是一种联合创造，是一个产消行为，因此在合作创造者之间必然存在多方面的关系。

联合创造与产消行为需要以信息对等为基础。信息必须在各个节点之间对称地流动。在工业社会，信息的平衡不可避免地向公司一方倾斜。它们握有高度集中的知识，而客户只拥有自己的个人体验，最多加上几个朋友的经验。但是网络经济改变了这一格局。复杂性与技术的每次进步都使经济行为的重心更靠向个人一端。

网络技术的目的是让客户更聪明。这需要公司将以前的专利知识分享给客户，或者哪怕只是简单地将他们所了解的有关客户的知识分享给客户本人。

R-tech技术试图重新平衡传统时代客户与公司之间不对称的信息流。这样一来，客户与公司学习得一样快（同样，公司会与客户学习得一样快）。一开始把目标瞄准在"学习客户"而非"学习公司"上似乎本末倒置，然而这只是更大的观念转变中的一小部分——公司将不再只是一个独立的单元，而是更大的网络中的一个交互节点——由顾客和雇员共同组成的松散节点。

公司帮助客户学习并非让客户变聪明的唯一途径。另一种方式是反转市场中信息通常流动的方向。约翰·哈格尔三世（John Hagel III）是《网络利益》（*Net Gain*）一书的作者之一。他曾说过："与其帮公司尽力收集客户信息，不如让客户尽力收集有关自己的信息。"你还有可能需要客户尽力收集其与之打交道的公司的信息。在网络上有几种方法可以令信息更偏向于客户。在众多激动人心的发明中，一些新公司能够借助网络机器人比较不同商店的价格。如果网上有30家音乐零售商销售《泰坦尼克号》原声碟，像asJunglee或Jango这类网站就能够从各个供应商处收集价格信息，之后把排名展示给你。但是供应商仍然操控市场。他们对产品进行定价，持有数据，并借此来拉动销售。

假如我们反转信息流的方向，就能创造出一个"反向市场"。在"反向市场"中（已经有一些网站在这么做了），客户决定交易条件。如果你说："我想出价10美元买一张全新泰坦尼克号CD。"之后把你的出价向整个网络广播，接下来就会有供应商找到你。这种机制尤其适用于购买一手高端产品，如汽车、保险、房屋贷款等。"我想要贷款12万美元，分30年还清我在圣何塞的房子。有没有人接受？"你指定条件，持有数据，驱动交易的产生。

当然，技术可以把这些谈判过程都转到后台，通过代理等人完成，无须你来亲自讨价还价。但是关系技术把信息的主导权从供应商那里夺回来，交到客户手中。这使得客户越来越聪明。

谁拥有最聪明的客户，谁就能获胜。

第三种使客户变聪明的方法，是凝聚客户的集体智慧。

20世纪70年代中期，个人计算机刚刚面市，拥护这一潮流的用户组如雨后春笋般在各地出现。任何人都可以参加每月举行的聚会，交换例如如何连接打印机或者升级软件之类的小窍门。所有活动都是非正式、免费且民主的。懂行的人负责教，不懂的可以问问题，记笔记。每个计算机平台在各大城市中都有自己的用户组，连Amigas这样的"孤品"都有相对应的用户组，更不用说视频游戏设备、苹果计算机和基于DOS系统的个人计算机了。一些用户组规模达上万人，能经营自己的免费软件分享站，拥有几百万美元的预算。

局外人认为这些用户组不过是计算机产业中混乱的体现。用户手册晦涩难懂，用户界面极不友善。批评者称你完全不用加入用户组，也能设置好电视或者打开洗碗机。但是对于追求成为极客的人来说，用户组中的共享信息能帮助他们窥探计算机世界的奥妙，开启通往网络的大门。

事实上，用户组不是失败的象征，而是智能的代表。它们武装了用户的头脑。一些计算机公司早早意识到这一事实，它们按时访问规模较大的用户组，在里面提问，听取意见或抱怨。尽管用户组大多独立且具有非营利性，但它们逐渐成为计算机公司延伸出的一部分。

到现在仍有两千余个Mac与PC用户组（即便是在世界范围内，这一数字也不小）定期在美国集会。伯克利Mac用户组吹嘘自己拥有一万名用户，每周进行集会。但是大多数的用户小组活动已经移到网上。网站附带的聊天室、常见问题存档、邮件列表及公众留言板使信息不间断地流动。

鼓励客户互相对话，形成亲密团体和爱好者部落的企业，将会培养更聪明更忠诚的客户，并且创造出更聪明的产品和服务。

同伴　　　客户　　　企业

用户组是一种对等责任。小组成员自己肩负起教学任务，并在组织内分配任务。人们很早就意识到，与高科技装备相关的最佳知识都来自用户组。用户组已经成为诸多业余爱好的标配——从潜水、单车、咸水鱼缸到改装车，或任何一个技术变革领先于常识的爱好领域。

你可以把最狂热的用户组看作"爱好者部落"，这个词最初由科幻小说家大卫·布林（David Brin）提出。爱好者部落极其懂行，他们人脉广泛，囊括大量聪明的用户。他们彼此鼓励，互相帮助，成为这个领域的专家。在一些小型利基市场中，他们自己就形成了市场。

现在的专家都出自最狂热的用户组。世界上最懂你的产品与服务的人不一定是你的雇员。他们是你的客户，或是一个爱好者部落。

企业对用户组的依赖度不应亚于用户对企业的依赖度。满意的用户胜过任何广告，同样，不满意的用户猛于绝症。只要运用得当，狂热能够造就一个产品，也能够摧毁一个产品。

网络经济能够点燃狂热的文明。客户越来越聪明，专业人群从大公司或单纯的学者那里转向附属企业和自发形成的小组。如果你想知道某个产品如何运作或从哪儿获取，找一个爱好者部落问一问即可。并且这种现象不只发生在高科技领域，所有知识都向狂热的粉丝汇集。爱马之人因共同爱好聚在一起，比起100年以前的牛仔时代，今天我们能找到更多马蹄铁工匠。此外今天铸造铁剑与锁子甲的工匠比中世纪所有工匠加在一起还多。一个由狂热粉丝形成的网络已经显现。

网络倾向于废除权威，转而支持对等的群组。独特的网络经济文化不会从学院、办公室隔间或主流媒体中发源，它只产生于如小型群体、电子杂志或者亚文化群体中。在《未来的冲击》一书中，阿尔文·托夫勒写道："就像一颗子弹打碎玻璃一样，工业主义打碎了社会，让它散落成千万个专业单位……每一个单位又分解成更小、更专注的子单位。大量的次级群体涌现出来——牛仔骑士、摩托车族、光头党，不胜枚举。"最初的碎片构成今天上千个亚文化群。今天你能找到对应世界上每一项嗜好的网站。那些被工业化所打碎的，如今正被网络经济编织在一起，并用心经营。碎片编织成的网正是当下（网络经济）的写照。

信息青睐对等的客户关系，成功亦是如此。网络需要更睿智的客户。

关系技术的出现为客户创造了更重要的角色，也要求客户承担更多的责任。如果没有深厚与广泛的信任作基础，那么关系的延展不可能发生。新经济杂志《快公司》的创始人艾伦·韦伯（Alan Weber）说道："新经济始于技术，终于信任。"

如果你想让员工通过网络在家办公，那么你需要对员工极度信任。如果我想告诉萤火虫我喜爱的书籍、电影和网站是哪些，我必须对这个网站非常信任。康柏公司必须完全信任我，才会让我登录由重金开发的知识信息库，查看计算机部件的漏洞与问题信息。

信任是一种特殊的品质。它不能被购买，不能被下载，不能立竿见影——这在我们目前的速食文化中算是惊人的品质。它只能在一次次的来往与交流中缓慢积累，但是它可以瞬间消失无踪。艾伦·韦伯将它与人和人之间的对话进行类比："新经济中最重要的工作是创造对话。良好的对话是一种认同。它告诉对方我们是谁。正因如此，它以人的品质为基础——正直，诚实，可靠。最终，所有对话都归结于信任。"

"对话"是一个理解网络经济运作得不错的模型。一些对话很短，只是少量数据的突兀交换;一些对话是充满敌意的,一些是周期性的,一些是持续不断的,一些是远距离的,还有一些是面对面的。这种你来我往首先始于两个人,之后扩展到其他人,随着对话变得越加多元和多样,它就会吸引越来越多的人参与其中。最终,越来越多的非生命造物被联结起来,继而出现了公司之间、物体之间及它们与人之间的对话。对话的次数、时长和频率也随着互动的增加而增加。互动越多,学习就越发重要,关系与信任就越有必要。韦伯称信任为"商业的基石"。

但是不管我们怎样吹嘘信任的重要性,赢得信任都是需要付出代价的。它是缓慢的过程,而且通常出现得很突兀。"信任是混乱、痛苦、难以实现以及容易背叛的。"韦伯写道。信任通常与脆弱、冲突及含糊等词相关联,因此它很难获得。对于那些极度理智、尊崇等级制与规章制度、信奉职位头衔的管理者来说,脆弱、冲突及含糊这三者加在一起足以威胁到他们的掌控力。

关系技术并不会抚平这种恐惧或痛苦。它能够增进关系与信任,但不会使关系建立的过程变得自动化、简单或即时。培养信任关系的重中之重在于,如何处理错综复杂的隐私问题。隐私问题最能体现网络经济中的机会与挑战。

隐私问题最开始专门针对"老大哥"政府,后来网络住民们发现,商业组织——网络中的"小大哥"——更堪忧。詹姆斯·格雷克(James

Gleick)是《纽约时报》的科技记者,他这样说:"我不知道政府掌握我们多少底细,但是网络——计算机连接起的复合体——只会知道得更多。不管我们对此多么义愤填膺,我们似乎都渴望网络只有在暴露个人隐私的前提下才能提供的服务。"

要想全面地总结对话的基本原理,我们可以洋洋洒洒写出一整本书,讲述我们如何得到对方的信息,以及如何向对方和网络提供我们的信息。但就正在兴起的新经济来说,我只阐述一个要点:

隐私也是一种对话。企业必须把隐私看作一种培养真挚关系的途径,而不是客户设置的避之不及的障碍。

企业在客户拒绝提供个人信息时常用的说辞是:"你告诉我们的越多,我们才能提供更好的服务。"此话不假,但这个借口并不充分。如果缺乏信任,用户就不能全身心地享受服务。

举个小城镇中有关信任的例子。在小城镇中,那个与你一街之隔的老婆婆知道你的一切动向。她知道谁来看望你,你的访客什么时候离开,从你的日常行程她能了解你去了哪里,为什么迟到。有两件事能使得这种窥知显得不那么冒犯:

◎你不在家的时候，老婆婆会帮你看家；
◎你了解关于老婆婆的一切。

你知道她的访客什么时候来，她去了哪里（她不在家的时候你也会帮她留意）。最重要的是，她知道的一切你都知道。你们心照不宣地为彼此留意。你们掌握的信息是对称的，你们之间存在一种理解与默契。她不会翻看你的邮件，你也不会翻看她的。你在家举办派对，如果有人醉倒在你的阳台，你就能确定这件事明天一定会在街坊邻居之间传开。反之亦然，看守者同样也受到监视。

网络经济的首要任务是修复信息的对称性。

要想激发信任，用户需要知道谁了解自己，及其对自己的了解程度。他们需要拥有和对方相当的知识。如果我们能详细了解信用卡公司对我们了解的程度，他们从何处获得信息，以及他们把信息提供给谁，那么我们会感到更安心。如果我们能够从他们对我们的了解中获得一些物质补偿，我们会更舒心。

对我而言，我很开心有人能够一天24小时留意我的行踪，前提是我知道我的个人信息去向何处，以及我能获得回报。如果我知道谁在监视我，他们与我建立起联系（不管是现金补偿、优惠、有用信息，还是更优质的服务），那么信息的对称性对双方都构成财富。

最早依托信任机制运行的机构是 Truste。Truste 是成立于 1995 年的一个非营利性联盟，它集结了网站与个人隐私维权者，旨在提高网络市场中的隐私关系。联盟开发了一个名为 Truste 的信息标准。第一阶段是一套简单认证标志系统，网站可以将这些认证标志置于首页。这些标志在访问者访问网站时提示他们网站的隐私策略。认证分为三个层级：

一级认证，我们不保留任何访问者信息。

二级认证，我们保留访问者信息，但信息只限内部使用。我们知道你的身份，这样你在重返页面时就能看到全新的为你定制的信息，并使你的支付过程变得更轻而易举。

三级认证，我们保留信息并为内部使用。我们也会把信息分享给其他你可能感兴趣的公司。

这三个笼统的认证类别可以概括大多数交易。但是每个网站可能都需要作出变动。（要想获得标志，网站首先要让 Truste 审核，这向公众保证网站的确遵照了他们公布的政策。）但这些认证标志不是简单的标签。真正在后台起作用的是一套非常精巧复杂的关系技术。

假设几年来你一直访问 Truste 认可的商业网站。我经常访问 GAP 服装网店。我被告知这个网站是一个二级认证站点。它记得我的身份、我的服装尺寸及我的购买记录，我上次访问是什么时候；但它不会把信息卖给他人。我能得到 10% 的折扣，作为分享信息的补偿。我乐意接受这个条件，因为这让我买衣服简单很多。我还经常访问 Raven Maps 网站，这在当时是世界上最好用的地形地图服务网站。他们遵循的是三级认证标准，也就是说他们会把我的姓名与兴趣所在卖给其他旅游网站，除此之外不会泄露任何信息。作为交换，我可以享受买一赠一的地图服务。看在它列举的网站还算有意思的份上，我同意了。此外我会访问 CompUSA，这也是一个三级认证网站，他们知道我的一切，并且会交易我的信息。作为回报，我可以免费借用一台多媒体计算机，上面预装好了所有的功能。听起来如何？我也可能会点头同意。接下来我访问了视频流媒体网站 ABC。它声称自己不留存任何人的访问信息。我看了什么节目只有我知道。它只保留聚合信息，并利用这些信息吸引广告商，但不会透露任何个人信息。许多人受到这种毫无监视性的吸引，尽管网站充斥着广告，他们还是坚持访问。

月终我会收到一份隐私报告，形式类似信用卡报告，上面详细地列出本月所有经我认可的信息交易与关系的建立。我同意授予 GAP 特定的个人信息，但是这些信息只允许站内使用。我提供给 Raven 详细的个人信息，三个使用过我信息的网站也列举在了报告上面。Raven欠我一张免费地图。我提供给CompUSA我的完整信息，它现在欠我一台计算机。9个购买我信息的公司也体现在报告上，它们有权使用我的一切信息及我在CompUSA网站上的一切动向。我有时会从这9个公司收到垃圾邮件，但是我的新计算机将筛掉这一切！此外，我与《纽约时报》达成协议，只允许它保留我的阅读信息，从而获得一个月的免费阅读权限。

此外，这份清单还显示"美国航空"从ABC获得我的地址，但是ABC之前声称自己是一级认证网站。看来我需要请我的"隐私机器人"程序厘清此事。

来电显示、非公开号码与邮箱服务、不含个人信息的聚合、加密的个人医疗记录、护照资料、临时别名、电子签名、生物特征密码等，这些都是我们在网络经济中建立关系和信任时剔除那些不规矩业务的利器。

但是谁又能准确把握一切人际关系呢？工业生产力容易衡量，它可以清清楚楚地用一个数字表示。关系则是无边界的，它含糊不清，复杂，无法用数字衡量，圆滑且多面，就像网络一样。

我们在创造关系技术时需要留意名誉、隐私、忠诚及信任等软性要素，这些概念没有准确的定义与衡量方法，尽管每个人脑海中都有大致概念，但是我们仍忙于打造一个能够传播并增强名誉、忠诚与信任的网络世界，这些技术所能施展拳脚的领域就是今天互联网最炙手可热的前沿阵地。

技术给了网络经济以奠基，但只有关系才能使它巍然屹立。始于芯片，终于信任。

技术能在多大程度上增强社交行为将成为衡量其价值的终极标准。虚拟现实技术（Visual Reality）的创始人杰伦·拉尼尔（Jaron Lanier）曾提出"关联测试"（Connection Test），以判断一项技术是否能把人联系到一起。利用该测试衡量过后，他认为电话是好技术，电视不是。避孕药是好技术，核能不是。

这么看来，网络技术是非常了不起的技术，它有潜力把各种生物通过任何你能想象的方式联系起来。网络经济的重要性在于，它借助人们之间的各种关系来最大化个人的独特需求与才艺。

这也意味着有时你可能并不需要联结。沉默往往在对话中是最合适的回应。隐私在网络世界中具有优势。关系不仅可以在了解的人或物之间建立，也可以在不了解的人或物之间建立。如同人类社会的许多谜题一样，关系也将被嵌入网络经济的技术中。

策略

让客户变得和你一样聪明。公司应该将同等精力放在自我教育与客户教育上。当今时代做个消费者并非易事。消费者会以忠诚来回报公司过去提供的帮助。如果你不教育你的客户,那么其他人会,他甚至不是你的竞争者。任何用来推销的技术,如数据挖掘或者一对一技术,都可以用来提高客户的智慧。没有人叫你吐露衷肠,但是如果你能记住我的裤子尺寸,向我推荐一部深受我朋友喜爱的影片,或者帮我厘清保险单,那么你就能让我变得更聪明。规则很简单:谁拥有最聪明的客户,谁就能获胜。

建立客户与客户之间的联系。对很多公司来说,让客户互相交流是种令人毛骨悚然的想法,尤其在一个交流顺畅无阻的空间中,例如网络。"你的意思是,我们应该花上百万美元,开发一个让客户交换谣言、制造噪声、抱怨与不满的网站?"公司困惑地问。是的,没错。通常情况下,这些的确会发生。"我们为什么要付钱请客户骚扰我们?"他们问道。"他们自己就能这样做,不是吗?"因为在网络经济中,没有哪种力量比客户联盟更强大。客户会以比任何方式都快的速度教会你要学的东西。他们会成为你最聪明的客户,之后还是那句话:谁拥有最聪明的客户,谁就能获胜。

线上股票交易平台的先驱 E-trade 大胆地为客户创建了网络聊天室。越来越多有智慧的公司效仿这种做法。不管你开发了什么工具，只要它能够在你的客户间建立起联系，就能增进你与客户的关系。其中的逻辑就是"先喂饱网络"。

其他条件都相同的情况下，选择能够建立关系的技术。 每天人们都要在各种技术间做出选择。一个设备或方法不可能同时具备最快、最便宜、最可靠、最全能、最小等特点。一项技术需要偏重某些纬度的性能才能脱颖而出。现在这个名单又多了一项——最便于连结。这个特性对技术来说越来越重要，有时甚至使速度或价格都相形见绌。如果你不知道投资哪种技术，那就选择能够最广泛、最频繁、最多样化地联通的那项。避免任何孤岛式的技术，不管那个孤岛看上去有多棒。

把你的客户想象成员工。 让客户去做员工的事情并非贪图便宜的小算盘。它会使世界更美好。我相信如果制造汽车的技术能够简单易行，人们都会开始制造自己的汽车。当然这不太现实。但客户至少都希望能够在某种程度上参与产品的创造过程，尤其是那些常用的复杂物件。通过参观工厂和观看汽车的组装过程，他们可以初步地参与到创造中。厂商还可以提供给他们便于定制的功能选项。借助网络技术，他们还可以深入生产过程的各个环节。可以让他们对流水线上的车全程跟踪，就好像用户跟踪"联邦快递"的包裹一样。聪明的公司最终意识到，取得最精确、无差错信息的方法，如地址，是让客户自行输入。利用这个小窍门，企业可以窥探到客户参与的底线。辞退客户可要比辞退员工难得多！管理亲密的客户需要比管理员工更高的技巧与艺术，但这种拓展的关系也更为强大。

未来企业的终极形态或许是"虚拟公司"，公司只是小型枢纽，关键业务都实现外包。但是也可能有另一种终极形态，那就是，公司完全由客户组成。没有哪个企业会达到这一极限，但是朝向这个极限的趋势是正确的，任何向客户一方倾斜的举动终将变成企业的优势。

10

机遇优于效率：
与其解决问题，不如寻求机遇

  在查尔斯·达尔文发现进化论之前，人类对生物的观察都停留在现在时的层面。人们考察动物的内脏如何运作，把植物研制为有用的魔法药剂，调查海洋生物奇异的生活习性。所谓"生物学"，即关于生物如何一天天繁衍的研究。

  达尔文认定，脱离开亿万年的进化体系，生物毫无意义。这永恒地改变了我们对生命的理解。达尔文证明，哪怕我们只是想知道如何医治猪痢疾，或如何让玉米高产，或去哪里捕龙虾，都必须把那极其漫长、缓慢却一刻也没有停息过的生物进化考虑在内。

  直到最近，经济学都还停留在研究贸易如何逐年繁荣发展、下个季度该制定什么政府政策的层面上。在当年的货币供给是否需要紧缩的问题上，关于长期发展的动态分析似乎太过遥远。经济学研究界的达尔文还未出世，但人们越来越清楚地认识到，如果不时刻把那漫长的、缓慢却一刻也没有停息过的经济发展考虑在内，将无法真正理解哪怕是最普通的市场行为。

长久以来，世界经济平均每年增长不足1%。在过去的几个世纪里，世界经济的增长率约为每年1%，而到了20世纪，由于大兴土木——看看今天地面上那些拔地而起的庞然大物——达到了每年约2%。这就是说，平均下来，经济系统每年都要比前一年多生产2%的东西。在日常贸易狂升狂降的表象之下，是一种隐形的持续膨胀在推动着整个经济圈发展，它用越来越多的东西、交流和机遇，缓慢地一层又一层地覆盖于地球表面。并且，这种趋势正在逐年加速和发展。

在人类文明的源头，整个地球几乎都是达尔文的王国——是一个生物圈，而非经济圈。然而，今天，经济圈大到了超乎理解的程度。如果我们把世界上所有国家的公路、铁路、交通工具、电话线路、发电站、学校、房屋、机场、桥梁、购物中心（以及其中的所有东西）、工厂、码头、港口等的重置费用加起来，把全世界所有人类的这些发明和造物统统加起来，就像它们是某家公司的资产似的，那么我们会发现，增长虽然缓慢，但是这么多个世纪之后，人类的财富积累竟是如此惊人。用1998年的美元来计算，全球基础设施约价值400万亿美元——4的后面有15个0！那意味着，全球基础设施从一无所有到钱财无数。

这些财富起源于什么？一万年前，还几乎什么都没有，到了现在，却价值400万亿美元。所有这些都来自哪里？怎么来的？创造此种繁荣需要能量的付出，但这不足以解释它，因为动物也消耗了大量的能量，却没有带来相同的结果。还有其他因素在起作用。"一般而言，人类建造略多于摧毁，创造略多于消耗。"经济学家朱利安·西蒙（Julian Simon）如是说。他说得大体正确，但是，一般而言，究竟是什么使人类能够逐渐积累如此之多的财富？

进化论者史蒂文·杰·古尔德(Steven Jay Gould)认为，增长之所以不可逆转，乃是由于"了不起的不对称"。创造通常略多于摧毁，这正是进化的神通所在。生物总是在抵抗熵的巨大消耗作用，争取不可逆转的发展。"了不起的不对称"根植于网络、紧密相连的实体、自我强化的反馈、协同进化和满足某个生态系统需求的无数收益递增循环中。因为生物中的所有新物种都为其他新物种共创了一个可供享用的生态位，因为每个额外的生物都为其他生物提供一个赖以生存的机遇，因此，累计总和的上涨速度要快于投入的总和；并以此方式出现了机遇的常年单向盈余。

在人类的语境中，我们把这"了不起的不对称"称之为"经济"。它也充满了出产量增速大于投入量的大小网络。因此，一般而言，它装得比漏得快。长远来看，这有利于创造的轻微偏向确实可以生产出一个价值400万亿美元的世界。

"了不起的不对称"增加的不是金钱，不是能量，也不是物品。经济财富的源头始自机遇。

人类用手制作的第一个物品就为其他人想象该物品的多种用途或不同设计提供了可能。一旦那些新的设计或变化被证明，它们就又将为其他新的用途和设计提供机遇。一个实体化了的产品会产出两个乃至更多完善它的机遇，而在两个原初产品的基础之上完善了的产品又将各自产出两个新的机遇——现在，有了4种可能性。4又会变成8。因此，随着时间的推移，机遇的数量会不断增加。就像睡莲花叶的加倍生长一样，一朵小小的花经过为数不多的几代的生长，就可以覆盖整个地球。

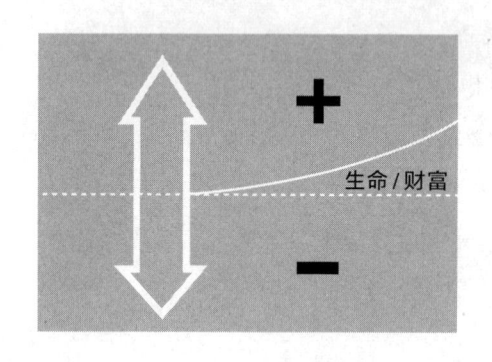

生物和财富都复合增长，这使得它们对比起死亡和损失而言，总占有略微的优势，因此，随着时间的推移，就出现了恒定增长的情况。

也许地球上最强有力的物理力量是增加之力，无论是利益的增加、发展的加速、生物的繁衍，还是机遇的衍生。投入经济活动中的能量和人类时间只能通过附加功能一点点地补充，但是，随着时间的推移，产出会径自增加，形成令人震惊的累计量。

源源不断的人类注意力和思想被用于发明新工具、设计新娱乐和创造新需求。然而，无论一项创新是多么的微不足道和不符合逻辑，它都将成为其他创新启动的平台。

正是这不断膨胀的机遇空间创造了持续发展的经济。正是这无限开放的创新舞台鼓励着财富创造。就像连锁反应一样，一项成功的创新可以随后引发几十个，甚至几百个新的创新。

就拿E-mail（电子邮件）来说吧。E-mail，是20世纪20年代的发明，引发了一股创新和机会的狂潮。每一小点邮件设计都会额外引发一些新的设计，这些新的设计又会引发其他新设计，循环往复，无限增加。不同于邮寄宣传品，发给一个人和100万人的电子邮件广告的成本完全一样——如果你有100万个邮件地址。哪里去弄100万个邮件地址呢？人们头脑简单地把自己的地址发到网上——在主页的底部，或在一个新群发的帖子，或在一篇文章的链接里。这些帖子为程序设计员提供了开放性的机遇。他们中的一个人想到了"拾荒机器人"（scavenger bot）的点子。（这个"拾荒机器人"其实只是一小点代码写出来的一个程序，是一个虚拟机器人。)这个"拾荒机器人"在网络里漫游,搜索所有带邮件@符号的语句,一旦确认它是一个邮件地址,就收录它,之后把收录到的邮件地址编制成表,最后以每千个20美元的价格卖给那些垃圾邮件发送者——他们给数量庞大的接收者发送令人讨厌的广告,即垃圾邮件。

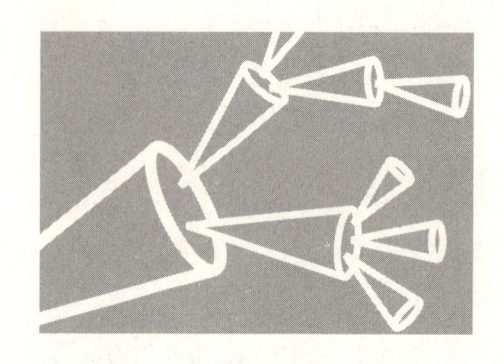

每个新发明都意味着更多新发明,而那些新发明又会创造出更多新的可能性。

"拾荒机器人"甫一诞生就为"反垃圾邮件机器人"创造了空间。所谓"反垃圾邮件机器人",指的是一些提供互联网接入服务的公司。这些公司可以在网上发布用作诱饵的假邮件地址,当这些假邮件地址被"拾荒机器人"捡走并为垃圾邮件发送者所用时,互联网服务提供商就会根据所收到的垃圾邮件追踪其来源。一旦追踪到其来源,提供商就会为他们所有的客户对该垃圾邮件实施拦截,而这正是他们的每个客户所乐见的。

当然,这个发明又为更多的发明创造了机遇。一些违法的垃圾邮件发送者设计了捏造源地址的技术，他们窃取其他人的合法地址以发送垃圾邮件，并且在发送过后就逃之夭夭。

每个举动都会引发两个互为对抗的新举动。每一项发明都会为两个以其为基础的其他发明创造机会。

被抓住的每个机遇都会引发至少两个新的机遇。

整个互联网就是一个"机遇发电机"。在互联网问世的最初5年，人们创建了超过3.2亿个网页。这意味着，每天都会新增150万个不同类型的新页面。网站的数量——现在有100万个——每8个月就会翻一番。（想象一下睡莲池！）这百花绽放的局面，开始于一个无聊的研究员在1989年抓住的一次机会。而现在，正在生长扩张的不是睡莲叶子，而是池子本身。

机遇和创意一样，其数量是无限的。二者都可以像单词一样进行组合。26个字母，你可以组合再组合，写出无数书籍。你从越多的组件开始，可能的组合总数就会越快飙升至天文数字。研究经济增长本质的经济学家保罗·罗默（Paul Romer）指出，一张CD可能的数位组合方法大约有10的10亿次方种。每种组合都会是一个独一无二的软件或音乐。然而，其数量如此庞大——哪怕是排除了只是随机噪声的无用组合——

以至于宇宙中的全部原子都不足以把它们全部实体化。

我们可以重新组合的不只有数位。以氧化铁为例，罗默建议，它应该叫铁锈。在一万多年前，我们的祖先用氧化铁做原料在岩洞里画壁画。现在，通过把相同的原子重新组合成精细的氧化铁薄层并置于塑料之上，我们就造出了一个软盘。在这个软盘中，我们可以装下那些岩洞壁画的复制品，以及用图像处理程序去修改生成所有可能的排列组合。我们增加了百万倍的可能性。

罗默说，你从创意和机会中获得的组合爆炸的威力，意味着"基本上没有稀缺性。"因为你越是善用机会，就越不会产生匮乏。

我们对网络经济结构的每一点认识都表明，它会创造生生不息的机遇。原因如下：

◎一个连接意味着一次机遇。如果我们把世界越来越多地连接到网络的节点上，我们就相当于在这个神奇的组合游戏中增添了数十亿计的可用的新组件。可能性的数量会像爆炸一样激增；

◎网络使已经抓住的机会和已经创造出的发明加速传播，这些机会与发明被散播到网络和地球的每个角落，引发出更多建构于它们之上的新机遇。

技术不是万能药。它永远无法根治社会的弊端与不公。技术只能为我们做一件事，但是一件惊人的事——技术为我们带来更多的机遇。

在贝多芬还没有坐在钢琴前的时候，世界上或许就有音乐天赋高出他两倍的人，只是当时世界上还没有键盘和管弦乐队。由于技术和知识未能使那些机遇向他敞开，我们永远也无法听到他的音乐。几个世纪之后，充分发展了的音乐技术，为贝多芬成为伟人提供了机遇。我们真该庆幸，梵高准备好了的时候油画颜料已被发明了出来，而乔治·卢卡斯生活在了一个可以使用胶卷和计算机的时代。今天，地球上的某个地方，少年天才们正在等待一项与他们的天赋完美匹配的技术。但愿他们能够活到人类知识和技术创造出他们所需要机会的那一天。

油画颜料、键盘、歌剧院、钢笔——所有这些都还在源源不断地带来机遇。但是，此外，我们又增加了胶卷、金属加工、摩天大楼、超文本和全息摄影等这些为艺术表现带来更多可能性的发明。我们每年又为各个种类增加了更多新的机遇。等着瞧吧，看的方式、思考的方法、娱乐的手段、健康的渠道、理解的途径，林林总总。

经济生活的"了不起的不对称"，在抛弃少许旧的东西的同时，不停地积累着新的机遇。旅程朝着一个方向开始，而其后包含着无限的可能性、方向和新领域，等着人们去走，去开发。

"从现在开始，几十年内，地球上的人口将达到100亿，届时复杂计算机的价格会比晶体管收音机还便宜。"科幻小说家大卫·布林在其《透明社会》一书中如是写道，"如果这种组合没有导致战争或混乱，那么，它无疑将带来这样一个世界：无数男男女女拥挤在数据之路上寻找新奇的事情来做———一些超越常规的追求，为的只是让每个人都感觉到有那么一点点与众不同。通过互联网，我们可能会看到一项了不起的探索的开始，它朝向外部世界每个兴趣或好奇心可能存在的方向。一次探索我们是什么和我们可能成为什么的极限远征。"

随着知识传播的加速，随着更多可能性被创造出来，增量增长的永不衰退的推动力也会加速。长远来看，创造和抓住机遇是经济发展的动力所在。衡量一个公司或一项发明带来的可能性数量，以及用来评估其总体发展状况的，不是生产力，而是一个好的基准点。

然而，在短期，问题还是必须得解决。一直以来我的理念都是，商业就意味着解决问题。"认真对待每一个客户的不满。"工商管理学硕士们说，"然后找出解决方案"。这个略显陈腐的建议鼓励着商业去找出问题所在。然而，问题都是一些停止运作了的存在。它们通常的情况是，目标清晰，但缺乏执行，例如，"我们存在质量问题"或"客户投诉我们的物流慢"。彼得·德鲁克说："不要解决问题。"对此，乔治·吉尔德（George Gilder）进一步阐释说："当你在解决问题的时候，你是在助长你的失败，压抑你的成功，最后收获的只是代价昂贵的平庸。竞争激烈的全球舞台，代价高昂的平庸，足以让你失去立足之地。"

"不要解决问题，去寻求机遇。"

寻求机遇不再是只与漫长的经济发展周期相关的明智之举。随着经济发展的提速，一个"互联网年"似乎一个月就过去了，为长期发展而制定的操作方法开始作用于日常的经济活动。发展的动力转化为赢得短期竞争优势的动力。

无论是短期还是长期，缺乏抓住机遇而非优化解决办法的应变能力，是限制我们解决社会和经济问题的首要因素。

创造更多新机遇，比起优化已有的东西，能够使你收获更多。

最优化和效率的观念根深蒂固。在过去，更好的工具意味着工作更有效率。因此，经济学家理所当然地认为，即将来临的信息时代将带来生产力的大爆发。在过去，我们对新工具的期望不过如此。但是，令人讶异的是，计算机和互联网技术至今仍未为生产力带来可供测量的增长。

我们的现代经济源于不断提升的效率。通过使每个劳动投入生产更多的产出，我们拥有越来越多价格越加低廉的商品。这提升了人们的生活水平。对于经济发展而言，生产力因素如此至关重要，以至于政府都将之视作追踪经济动态、完善经济发展的核心测量标准。正如经济学家保罗·克鲁格曼（Paul Krugman）曾经说过的那样："生产力不是一切，但是长远来看，它几乎就是一切。"

然而，在新经济中，生产力恰恰不应成为关注点。

要测量效率，你就需要规格一致的产出。但是，在强调紧缩生产、完全定制、个人体验和创意发明的经济中，规格一致的产出在不断减少。越来越少的商品是清一色一模一样的了。

而且，机器已经接管了规格一致的商品的生产。它们热爱机械可测的工作。持续的升级使得它们可以每小时生产出更多的商品。因此，只有那些制造滚珠轴承和橡胶软管的公司需要担心它们自身的生产力问题。而且，事实上，现今经济体制中，只有美国和日本的制造业真正实现了生产力的提升。整个20世纪80年代到20世纪90年代，它们每年约增长3%到5%。这就是你想看到的生产力。通过监控机器和工具，每个工人每小时可以生产出更多的铆钉、电池、鞋子和其他商品。效率，是对机器人而言的。

另外，机遇是为人类而存在的。机遇需要具备灵活性、探索能力、猜想能力、好奇心，以及人类擅长的其他诸多才能。由于网络本身的递归性，它能培养机会，并同时为人类创造机会。

人类在哪些领域投入了最多的想象力（我们还没有看见它对生产力的提高）？又为什么在这些领域投入最多的想象力？一个好莱坞电影公司平均1美元制作的电影长度，比其他制作公司的更长，就叫生产力更高吗？在信息、娱乐及传播产业里，它们所占据的工作比例越来越大，它的"产量"却往往意义不大。

试图测量生产力的一个问题在于，它只能测出人们能把错误的工作做得多棒。任何能够被测量生产力的工作，也许必须得从人们的工作列表上删去。

在工业时代，每个工人的任务，就是找到把工作做得更好的方法：那才是生产力。弗雷德里克·泰勒（Frederick Taylor）彻底改革了工业，他通过科学方法来让机械工作达到最大化。但在网络经济中，机器完成了大部分不人道的制作工作，对于每个工人来说，问题就变成了"做哪一份工作才是对的"，而非"怎么把一项工作做对"。

的确，要回答这个问题相当困难。人们把这个问题称作"执行管理功能"。过去，只有位于头部10%的工作者需要做这样的决定。而现在，必须决定下一份正确的工作是什么的人，不再仅仅只是管理人员。

在未来，把下一件事情做对，比把同一件事情做得更好，要有意义得多。

可是，人们如何能够轻易测量到这种重要的探索和发现能力？假使你想要测量生产力，生产力就会遁于无形。但是，由于并没有其他测量方式的存在，生产力变成了让人厌烦的原因。这个问题会持续困扰经济学家，因为他们对于如何对生产力进行持续测量，也知之甚少。

官员还在继续测量生产力，但是他们发现，最近几十年来，生产力并没有显著提高。这有辱人们每年在全世界范围内的计算机技术上投入的7000亿美元。在这个世界上，有成千上万的个人和公司购买计算机技术。原因在于，计算机技术提高了他们的工作质量，可是传统的测量方法又测不到他们的总体收益。这个不受人们待见的发现，被命名为"生产力悖论"。正如诺贝尔奖得主罗伯特·索罗（Robert Solow）曾经讽刺过的那样——"计算机无所不在，唯独不在经济数据里。"

毫无疑问，人们过去在计算机系统上花费的诸多消费，既糟糕，又管理不善，还很浪费。去年，那些被"监禁"在旧式系统里的消费者购买了8000台计算机（即具备UNIX系统和庞大体积的计算机）。1997年，光IBM一家公司，就售出了价值50亿的计算机。这些花在计算机上的钱，对于提高效率评价毫无帮助。千禧年的问题更是个世界规模的大麻烦，也让信息技术的收益大打折扣。但是，根据经济历史学家保尔·大卫（Paul David）的说法，工业经济（smokestack economy）花了40年才想出如何利用电动机（发明于1881年）来对工厂进行重新配置。前10年里，机器的转换效率确实下降了。大卫很喜欢一种讽刺的说法，即"20世纪的人有可能会说，发电机'无所不在，唯独不在经济数据里'。"比起网络技术方面的变革，切换至电动机是一件简单的事情。

此时，我们仍然处于微处理器时代的第三个10年中。生产力会重新崛起。再过几年，它会以"突然"上升之势出现在人们面前。然而，和克鲁曼的断言相反，从长远来看，生产力几乎什么也不是。这不是因为生产力提高的情形不会发生。生产力会提高，但那是因为像能使成本下降的通用学习曲线那样，生产力提高成了一个理所当然的过程。

T.P·莱特（T.P Wright）首先发现了反价格（inverted prices）学习曲线，这位传奇的工程师在第一次世界大战以后建造了飞机。莱特保持着组装每架飞机所需的小时数的纪录。在组装完成一架飞机的速度越来越快的同时，他计算着每次所需时间的下降。装配工的操作越熟练，他的生产率就越高。一开始，人们以为效率只跟组装飞机有关，但在20世纪70年代，美国得州仪器公司（Texas Instruments）开始把这种方法应用到半导体上。从那时候起，由熟练经验带来的生产力的提高，变得随处可见。《生态学》一书的作者迈克尔·罗斯查尔德（Michael Prothschild）说：

"已经有数据能够证明，在钢铁、隐形眼镜、人寿保险、汽车、喷气发动机、瓶盖、电冰箱、炼油、空调、电视显像管、铝、光纤、吸尘器、摩托车、蒸汽涡轮发电机、酒精、啤酒、化妆纸、晶体管、纸尿裤、煤气灶、浮法玻璃、长途电话、割草机、航空旅行、原油生产、排版、工厂维修以及水力发电等领域，学习曲线使成本有所下降。"

随着熟练经验能够提高生产力的准则变得普遍起来，人们有了另一个关键的发现：学习并不仅仅发生在一家公司内部。在整个工业领域中，人们都能看到经验曲线。简便、持续的经验交流传遍整个网络，让每个人的生产都能对学习产生贡献。不同于5家小公司分别制造10000件产品，网络技术让这5家小公司形成团队，因而实际上是一个大公司生产了50000件产品，而这5家公司都分别分享了经验带来的益处。由于经验每增长一倍，成本就会下降20%，这个网络的影响就会开始发生叠加效应。网络传播的进步、传递技术数据的标准协议，以及社区中信息丰富的技术员，都在进行旋风式的经验传播，保证了生产力的常规增长。

速动资本管理公司（Velocity Capital Management）的分析员安德鲁，把通用学习曲线带来的价格下降比喻成经济中的低压锋面（low pressure front）。正如来自国家其他地区的气象低压系统让天气变得糟糕一样，价格下降产生的低压点破坏了投资环境，也让企业没有热忱去创造机会。

和自然选择过程中变异与死亡的两环很像，机会与生产力携手共事。生产力在网络经济中扮演的主要角色，就是传播技术。如果技术被少部分人藏起来，那么技术进步就无法影响未来的机会。生产力的增长，降低了获取知识、技术和制品的成本，使更多的人能够拥有它们。当晶体管很稀有时，它非常昂贵，因而它产生的机会很罕见。当生产力曲线开始生效时，晶体管最终会变得十分廉价，且随处可见，这个时候，任何人都可以在它身上挖掘机会。当滚珠轴承很昂贵的时候，它所创造的机会也十分昂贵。随着它被传播到各个地方，它会变得特别便宜，无所不在，这时便触发了无限的机会。

网络经济注定会是常规生产力的源泉。人们能够迅速传播技术经验，提高自动操作效率。然而，人们需要的不是机器的常规生产力。网络经济需要的是一些看起来有浪费嫌疑的东西。

浪费时间和低效是发现新事物的途径。在制作例如《纽约客》（*The New Yorker*）、《名利场》（*Vanity Fair*）和《建筑学文摘》（*Architectural Digest*）等世界级杂志的时候，康泰纳仕集团（Condé Nast）的编辑主任亚历山大·利伯曼（Alexander Liberman）受到了低效的挑战，他说得很好："我信任浪费。浪费对于创作过程十分重要。"一流科幻小说作家威廉·吉布森（William Gibson）断言，网络将会是世界上最浪费时间的东西，但他又进一步提到，低效正是它主要的吸引力和获得认可的原因。低效，是艺术、新模式、新观念、亚文化群及很多东西的来源。在一个网络经济中，创新首先应用在低效率的礼品经济中，随后才在商业效率中发芽。

Dialog系统出现在互联网之前，它是一件相当未来派的事物。20世纪70至80年代，它是最接近电子图书馆的一样东西，能够贮存世界上的科学、学术和新闻报道产生的文本。唯一的问题在于它的价格，使用1分钟需要花费1美元。当你搜索信息的时候，你需要花费非常非常多的钱。人们花费的钱只能用来寻找那些严肃问题的答案。在Dialog系统上，没有人在那上面闲逛，提没有价值的问题，如查找你的姓名。它不鼓励浪费行为。由于信息搜索被当成稀有物品来售卖，没有人拥有掌控媒体的渠道，也没有办法创造任何新颖的事物。

在你掌握了搜索过程之前，你需要在网络上浪费56个小时的时间，毫无目的地在无用的网页上点击，努力搜索，制造一箩筐错误，问一堆愚蠢的问题。网络鼓励低效。网络的一切都跟创造机会和忽略问题有关。因而，网络在短短几周之内，孵化了创造力，而Dialog系统尽管以效率优先为取向，却终其一生都没有孵化出任何新颖的东西。

网络至今[1]已经运转了20年，原因在于，只要花上56个小时，人们就能变成一个探索专家。在婴儿潮[2]中出生的、如今已经45岁的人，需

---

[1] 此处指1998年。——编者注
[2] 婴儿潮指美国第二次世界大战后的"4664"现象：1946—1964年，美国新生儿人口达7600万，这个人群被通称为"婴儿潮一代"。这代人1998年的年纪为34~52岁。——编者注

要先思考并确认他们的旅行如何才能达到某种程度上的效果，才会开始一场旅行，而年轻人却能跟随预感，在网络上创造出看起来不经大脑思考的新奇事物，毫不担忧他们的旅行是否高效。这种形式的低效能够培育出未来的大师。

比经济创造出我们所需的东西更快，我们在各个方向上进行探索，跟随每次随性的好奇心，创造更多的需求来满足自己。就像网络上的其他任何东西一样，我们的需求以指数方式增长。

尽管在某些根本的层面上，我们的需求和精神相联结，每种欲望都可以追溯到某种原始的需求。技术创造了全新的机会，让人们寻找到渴望的出口和实现的形式。只有当正确的技术面世之时，人类的某些根深蒂固的渴望才能找到表现形式。例如，古代的人们对于飞行的渴望。

荷兰官方航空公司荷兰皇家航空（KLM）每年售出价值百万的机票，让人们能够进行无目的地的航空旅行。乘客登上荷兰皇家航空的任何一个国际航班，立刻来一次双程飞行，最后回到出发的地方，连机场都没有踏出半步。这种飞行就像一场高科技的巡游，吸引力在于免税购物和用极低的折扣购买的波音737飞机上的飞行。这种需求从何而来？全都是由技术创造的。

财经作家保罗·皮尔泽（Paul Pilzer）敏锐地指出："当一个商人以50美元的价格卖出一台新的索尼Walkman，他仅使消费者对Walkman的需求得到了满足,但实际上,他创造了消费者的更多需求。在这种情况下,顾客产生了购买磁带和电池的潜在需求,而这种潜在需求是持续且无限的。"比起满足我们的需求,技术创造需求的速度更快。

需求并非固定不变,也并非绝对。相反,它们是流动的,具有反射性。虚拟现实之父杰伦·拉尼尔(Jaron Lanier)认为,他发明虚拟现实系统(VR system)的热情,源自他长期渴望玩"空气吉他"所受到的阻挠。玩"空气吉他"要能挥舞手臂,制作出配合他的情绪所播放的音乐。如今,VR游戏能够满足每个接触它的人的渴望,但是,在他们全身心地投入虚拟现实中之前,大部分人从来都不曾意识到他们有这个需求。这的确不在柏拉图曾经列过的基本需求清单上。

在经济学领域中,曾经有一个很有用的区分,它把食物和衣服之类的需求归为"基本"需求,其他的需求和完美则被定义为"奢侈品"。正如批评家控诉的那样,广告毫无疑问是罪恶的,它培养了人们的欲望。但是技术的脚步走得很远。精致的媒体技术首先创造了人们对奢侈品的渴望,而后,技术把那些奢侈品转换成人们的基本需求。

今天,人们把一个配备了自来水、电灯、彩色电视和厕所的干燥房间视作十分基本和主要的需求。这是我们对牢房配备的最低技术需求。然而,在三代人之前,这种需求如果不是"过分",也会被官方定义为彻头彻尾的奢华。在被美国政府官方认定为生活贫困的人中,95%的人拥有彩色电视机，60%的人拥有录像机和微波炉。贫困的定义和过去不再相同。技术知识不断提出更多的要求。事实上，如今大部分没有冰箱和电话的人会被美国人认为是原始人。仅仅在60年前，这些物品都还是奢侈品。而今天，拥有私家车，则被视作是任何一个成年人基本的生存需求。

"需求"，是一个具有多重含义的词。在经济术语中，"需求"的关键意思是每个渴望的实现。也即每项新的服务或每个新的产品，都形成了一个平台，人们能够在这个平台上设想和渴望其他可能的活动。例如，技术满足了人们在空中飞行的需求，那么飞行，就产生了新的渴望：在飞机上吃饭，一个人每天坐飞机去上班，飞得比音速快，飞到月球上，一边飞行一边看电视。当技术满足了人们一边飞行一边看电视的需求，我们又贪得无厌地想象能够只看我们自己选择要看的录像，而不看别人正在看的。技术知识也能够实现这个梦想。每个点子的实现，都为更多的技术提供了空间，而每项新的技术，也为更多的点子提供了空间。它们相互作用，循环速度越来越快。

技术借助这个不停循环的圆圈产生需求，然后又为技术满足这些需求提供支持。但是它只有在如今才被视作如此。在建立于砖瓦和烟囱基础之上的古典经济学中，技术被认为是可有可无的。经济学家把诸如劳动力、资本和库存等传统经济要素的影响叠加起来，从而解释何为经济增长。这种集合变成了经济增长的方程式。被归因于剩余范畴的技术解释了那些传统经济要素无法解释的对经济增长的贡献。因此，技术被认为是处于经济的机器之外。人们认为经济有一个固定的特质，它并不能真正实现自我变革。随后，在1957年，供职于美国麻省理工学院的经济学家罗伯特·索罗计算出，技术贡献了80%的经济增长。

如今，尤其是随着网络经济的到来，我们可以看到，技术并非多余，而是动力机。在一个崭新的秩序中，经济就是原动力。

我们的大脑会首先受到经济增长和生产力的旧规则的约束。听从技术的指引，人们就可以从这种约束中释放出来。技术发言了，它把机会排在效率的前面。对于任何个人、组织或者国家而言，他们要做的关键决定，不在于如何通过重复做一件事情来提高生产力，而在于如何协调机会的爆发，选择正确的事情来做。

关于网络经济的好消息是，网络经济对人类的力量起了正确的作用。重复、续集、复印和自动化，都趋于免费和效率，而那些创新的、原始的和富有想象力的技术，它们没有一个能够产生效率，但是价值一路攀升。

策略

为什么机器做不到价值攀升？如果向工人施加压力能提高生产力，那么需要回答的一个严肃的问题就是，为什么机器无法完成这个任务？事实上，一项常规到能够被定量的任务，表明了它也能常规到让机器人来完成。我认为，在今天，那些由工会为之争取的许多工作机会，在几代之内也许将会被认为是不人道的工作。

发掘出人意料的惊喜。在网络经济中获得成功所需的品质，可以被归结为一点，就是——拥有冲进未知世界的能力。灾难潜伏在任何一个地方，意料之外的惊喜也如是。但是，伟大的不对称体系保证了积极因素总是战胜消极因素，积极所带来的利益会接踵而来。一个典型的上升惊喜，就是一项创新能够立即满足3个需求，同时也产生了5个新的需求。

实现机会暴涨的最大化。一个机会的产生能够触发另一个机会的产生，接着又触发下一个。这是一个步枪射击式的机会爆发过程。但是，如果一个机会触发了另外10个机会的产生，随后又分别触发了另外10个，那这就是一次威力广远的爆发。一些人抓住了那些充分爆发的机会，这些机会在第一代中实现了成千上万次复制，然后迅速枯竭了。思考一下宠物石，它确实卖出了几百万个，然后呢？宠物石并没有引发机会的爆发。一个决定机会爆发的可能性的方法，就在于探索一个问题：人们能在这个机会的基础之上衍生多少新的技术和交易？

结语
财富无处不在

网络经济的出现在世界各地提供了多得难以置信的机会，但是网络经济的世界也并非完美的乌托邦。它是一个经济发展的特殊阶段，就像我们每个人的青春期，是一段躁动、迷茫而且无法重新来过的时光。我们所生活的世界第一次被紧紧地包裹在交互与思想相交织的网络中，而这样的状态在这个星球漫长的发展过程中也是第一次。我们生活在这样一个时代，光纤网络铺满了地表，各式卫星紧紧环绕着地球形成了光环，而正是它们，给我们带来了紧密交织的经济文化。

新的全球经济文化有以下特点：所有权和股权高度分散，知识而非资本高度集中，强调开放型社会，最重要的是，各行各业都广泛以经济价值作为决策的基础。

在工业时代,资本的源头曾经掌握在少数银行和个人资本家手里;而今天,它已经分散到了整个社会中数以百万计的网络银行账户、信托基金和个人投资当中。社会精英和中央银行都曾经是资本的垄断者——这正是资本主义的动力来源。银行家们把手中的资产借贷出去,工业靠着贷款发展起来。但是,随着知识的不断增长和通信的发展,投资人渐渐意识到,合伙关系——即投资者共担风险的投资——从长远来看能够创造更多的财富。技术的存在加速了从贷款到投资的流动过程。财务电算化的便利条件使几乎每个人,哪怕手头仅有100美元,都能够加入证券的网络之中。尽管出现了几家跨国巨头银行,但越来越多的财富现在都以证券而不是借贷的方式持有。例如,当今美国家庭资产的28%是以证券的形式存在的,比银行储蓄还多,并且44%的美国家庭拥有股票。

网络在推动着这种证券文化。在这种文化之中,组织的所有权被分散成上千个点。共享一小点别人的梦想和野心所需要的交易成本不断降低,使得直接或者间接地拥有许多公司的一小部分变成了可能。当你在一个信托基金投资的时候,你投资的是成千上万人的努力。你用自己的雄心壮志产生出来的财富,为致富他人而播种。对于每个企业,你也许只拥有极小一部分,但是你可以轻而易举地拥有许多企业的一部分。反过来说,每个企业都是由数百万个人共同拥有的,这就是网络股权。

从这种分散的所有权体制里,我们可以勾画出网络的图景。在网络的世界中,数百万条投资线相互交织。除了少数人拥有大笔投资,大多数的节点最终分散到小城市的小银行账户中。在美国,大量的股票受到普通市民的退休基金控制,这是一个上百万人构成的庞大集体。美国工人真正共产而共有生产效果。

网络股权能够变为现实同样依赖于网络技术——不断缩小的芯片和不断膨胀的通信——它才是创造财富的首要条件。只有在计算和通信的发展使得交易成本下降到微不足道的程度时,才能真正实现对每个人的财富进行跟踪、记账、传输,以及所有权的分散。今天,美国有7000个信托基金——也就是7000种分享投资收益的方式。与此同时,也有差不多相同数量的上市公司在把它们的财富分摊给众多的拥有者。

在这新兴的证券文化中涌动着若干潮流,而每个潮流都无一例外地为无孔不入的网络所放大。

第一,正如经济发展本身一样,所有权的分散已经遍及全球。前几年,欧洲突然把极大数量的资金注入股票市场。欧洲人发现了证券文化,并且在一夜间把他们原有的千百亿美元的财富投入所有权的网络之中。与此同时,饥渴的投资者把几十亿的美元倾注到亚洲和拉丁美洲新兴市场的金库中。今天,信托基金的每个投资者,不管他知情与否,都持有一份国外公司的股票。

第二，随着交易便捷性的提高和成本的下降，所有权的分散更加精细也更加广泛。少量的资金可以投入更多各式各样的事业之中。几家银行正在模仿孟加拉国的Grameen银行来提供小额贷款。这种贷款可以是100美元以下的，主要造福于第三世界国家的人们，他们可以用这些钱来买一头牛，买点棉纱或者实现其他做小生意的梦想。这种小额贷款的返还率大概是95%，几乎跟无风险的公债差不多。正像一份银行报告书中说："银行借钱给拉巴斯棚户区里的穷人，比借给玻利维亚政府还安全。"大型商业银行已经注意到，有70亿美元已经贷给了全世界1300万人，而这样的趋势正把"微金融"变为银行的主流业务。跟踪大量快速流通资金的费用非常低廉，这说明网络技术的存在加快了资金在这种分散的微金融模式中的流动。不难想象，为成千上万名前途无量的第三世界创业者设立一个信托基金，会获得很高的收益。

第三，同样细致的分散结构将会出现在上市公司之中。在20世纪90年代，美国大约有4000家公司上市。这些新成立的公司都是由小股东投资的，他们一起为这些公司的资产投入2500亿美元。今日，还有些老旧过时的东西阻碍着小型公司接受公众投资。这些障碍一部分来自那个通信和信息匮乏的工业年代的余毒，而另一部分就是投资银行自私的保护政策，还有那些靠控制公司上市过程的垄断地位而牟取暴利的人们。网络技术从根本上改变着股票市场，在一个经济信息无处不在又实时更新的世界里，人们不得不重新评价股票经纪人、交易人甚至中心市场本身（如纽约证券交易所）的作用和价值。没有了过去华尔街的唠唠叨叨，公开上市公司的安全、可靠和可信程度仍然会在网上得以实现。网络技术将允许合格的公司不离开办公桌就完成上市的过程，直接面对全世界几十亿的个人和组织来吸引投资。这种情形的出现会比华尔街想象的还要快。

第四，硅谷的报偿模式正在感染着世界上越来越多的地方。在一个公司里工作的每个职员都应该有机会拥有公司的一部分，这种理念是证券文化的一个主要元素。在大多数美国高科技公司里，为员工提供股票期权是强制性的。公司股份也常常被用来当作招揽人才的筹码，或者作为发放奖金的形式，甚至，在创业公司中被用来支付薪酬。把股票期权发给所有员工的公司，其持股人的收益率比不发行股票期权的公司高出许多（前者平均收益率为19%，后者为11%）。

在网络经济中，所有权分散成无数的小部分，沿着电子路径扩散给员工、风险资本、投资商、联盟成员、局外人，甚至一小部分到了竞争者手里。草根资本主义正在网络的世界里萌芽。

随着网络的崛起，中心化在后退。全球性的网络和后现代文学运动同时出现，这并不是巧合——后现代主义拒绝权威，不要普适的教条，不要基本的道德规范。在艺术、科学和政治领域，后现代主义的主题被斯蒂芬·贝斯特（Steven Best）和道格拉斯·凯尔纳（Douglas Kellner）在《后现代转向》一书中归纳为："后现代转向的结果是分散、不稳定、不明确及不可预测的。"这同时也是网络的真实写照。

网络摒弃僵化封闭的结构、通用方案、中央集权和固定价值。网络提倡多元化、差异化、不明确、不完善、偶然和多重性。这些特性最容易导致混乱和有组织的网络犯罪，并且难以培养共同的价值观。

由于网络经济的性质崇尚失衡、分散、不确定、动荡和相对主义，因此在网络的世界里，意义和价值就失去了根基。简单来说，用技术手段不能解决的问题，我们也无能为力。守旧的现代消费者已经在扮演一个很苍白的角色。他就像个气球：内心不断自我膨胀，尊严与身份的外衣已经被撑得越来越薄，接近了极限；他不知道自己到底是谁，只是非常确定自己很重要，但一根小刺就足以让他破灭。

在意义缺失的巨大真空中，在无言价值的沉默里，在没有什么值得信仰的空缺中，一个比自我更伟大的东西——技术，不论是好是坏，都将重塑我们的社会。

由于当今价值和意义的缺失，技术将代替我们做决定。我们将听从技术的决定，因为我们现代人的耳朵再也听不进别的。在没有其他坚定信仰的情况下，我们将听任技术掌舵。没有其他力量更能决定我们的命运。想象一下技术需要的是什么，我们就可以想象出我们文化的未来之路。

技术的未来是网络，是庞大、广泛、深入而又快速的网络。各种各样电子化的网络覆盖我们整个地球，其中复杂的节点将会塑造我们的经济，丰富我们的生活，而这一愿景实现的过程既不会瞬间完成，也不会一帆风顺，当然，也不会像乍一看时那么陌生。

我们没有理由毫不反抗地接受技术的驱使，但毫无疑问的是，技术正在朝着将世间万物互联入网的使命前进着。那些遵循网络逻辑的人，那些意识到我们正在踏入一个被新规则掌控的新世界的人，都将在新的经济世界里抢占先机。

NEW RULES FOR THE NEW ECONOMY
新经济中的新规则

1. Embrace the Swarm 拥抱集群

当力量逐渐远离中心,竞争优势属于那些懂得接受去中心化控制点的人。

2. Increasing Returns 回报递增

随着人与物之间连线的增多,这些连线的作用快速地倍增,你取得的初步成功将不再是自我限制的,而是自我供给的。

3. Plentitude, Not Scarcity 普及,而非稀有

制造工艺趋于完美，使大批量复制越来越容易。因此，价值产生于普及性，而非稀缺性，这颠覆了传统的商业定律。

4. Follow the Free 追随免费之道

随着资源匮乏性让位于资源充足性，慷慨将带来财富。坚持免费印证了价格下滑的必然性。学会利用真正匮乏的资源，才是人的注意力应当集中的方向所在。

5. Feed the Web First 优先发展网络

网络使各种商贸业务纠缠在一起，公司的关注重心从最大化公司价值转移到最大化网络价值。只有适应网络效应并使其运作，公司才不至于灭亡。

6. Let Go at the Top 不要在巅峰逗留

创新不断加速，抛弃那些目前极为成功，但是最终会因为守旧而被淘汰的公司将是最困难但最根本的任务。

7. From Places to Spaces 从地点到空间

物理层面的临近（地点）将被大量的互动所代替，这些互动存在于任何事物、时间与地点之间（空间）。中介、中间人及中型利基市场将大幅扩大。

8. No Harmony, All Flux 和谐不再，乱流涌现

商业世界中，动荡与失衡成为常态，因此最高效的生存状态是持续的选择性破坏，我们称之为"创新"。

9. Relationship Tech 关系技术

软性技术胜过硬性技术，最强大的技术是能够提高、放大、延伸、增进、提取、召回、扩展或建立各种具有软性关系的技术。

10. Opportunities Before Efficiencies 机会优于效率

人类不断完善机器，使其变得越来越高效，并以此创造财富。但是还有巨大的财富等待人类发掘，它可能意味着低效的发现，也可能是新机会的创造。

致谢

研究者简·图多尔和俄勒冈州波特兰市的JT研究所的研究成果对本书具有极大帮助。阅读组成本书的基本章节后,许多人包括一些资深经济学家给了我很多非常有益的评述。这些人包括保罗·罗默、保罗·克鲁格曼、乔治·吉尔德、罗默、克鲁格曼、约翰·哈格尔、保罗·萨夫和迈克尔·克莱莫。同时,迈克尔·克莱莫也接受了我的采访。其他一些人不吝赐教,阅读原稿并提出意见:《纽约客》杂志的约翰·海勒曼、《美国新闻和世界报道》杂志的拉斯·米切尔、全球商业网络公司的彼得·施瓦茨、加州大学伯克利分校的哈尔·范里安。《连线》杂志的事实核查小组认真细致的工作对本书做了很大贡献,纠正了许多尴尬错误。维京出版社的编辑大卫·斯坦福把我粗略的初稿转化为流畅的英文，文字编辑丹尼·马库斯进一步把它润色成现在的样子。书中许多概念都源自我与约翰·佩里·巴洛的对话，他总是率先领悟到这些新概念所带来的影响。我的文稿代理人约翰·布罗克曼认为我应该把我的思想写成一本书。还有我的妻子傅嘉敏（Gia-Miin Fuh），她拿出周末来支持我的写作，没有她的支持我不可能完成此书。感谢大家。

参考书目

下面列出的参考书目是根据相关性和对新经济的洞察深度排序的。排在前面的是我发现与主题最相关的书籍，后面的是一些提供了背景知识的书籍。还有一些优秀的书籍未列出来，它们是关于经济和新商业的，只有少部分与本主题相关联。还有一些材料在注释中提到。参考书目后面提供了一些有用的网站，里面包含最新、最翔实的材料。

《信息规则：网络经济策略指导》（*Information Rules: A Strategic Guide to the Network Economy*），卡尔·夏皮罗（Carl Shapiro）、哈尔·瓦里安（Hal R. Varian）著。哈佛商学院出版社1998年出版。

如果你想对本书中所描述的相关基本准则做进一步的了解，可以参考这本书。这本书是目前为止对新经济概述最完善的书，从中可见两位真诚的经济学家严谨的治学态度、一丝不苟的论证分析，里面包含大量的现实事例。他们最为关注的重点是高科技和在线环境，但是他们的认识是以目标为导向的，具有广泛的实用价值。五星。

《一对一未来：一次一个顾客地建造关系》（*Enterprise One to One: Tools for Competing in the Interactive Age*），唐·佩珀斯(Don Peppers)、马莎·罗杰斯(Martha Rodgers)著。双日出版社1997年出版。

这本书对未来新经济下的关系与交往做了翔实的调查研究。从它出类拔萃的文字中，我学到了很多未曾想到的知识。它非常实用地论述了商业策略（公司如何与客户交流），同时也给出了策略层面上有用的经济准则。作者似乎对新经济的未来将如何发展有一些直觉性的理解。

《净收益：通过虚拟社区来开拓市场》（*Net Gain: Expanding Markets Through Virtual Communities*），约翰·哈格尔(John Hagel III)、亚瑟·阿姆斯特朗(Arthur G. Armstrong)著。哈佛商学院出版社1997年出版。

这本书从商业社区的角度，以非常深入的视角观察新经济，里面的观点具有高度原创性。它把视角从公司和客户转至新兴网络。它把虚拟社区当作严肃的商业来考察。尽管我对经济学不敏感,但这是关于网络经济最好的书之一。非常推崇。

《网络社会的崛起》(*The Rise of the Network Society*),曼纽尔·卡斯特(Manuel Castells)著。《信息时代》的第一卷。布莱克威尔出版社(Blackwell Publishers)1996年出版。

这本书对在网络技术下正在进行的社会转型做了翔实、概括、广泛的论述。卡斯特是一个社会学家,爱好欧洲历史。这本书是三部曲系列中的第一卷,它记载了基于网络的新全球化文化到来的一系列证据。这种变化广泛程度反映在书中有时难以处理的视角中。书中最有价值的是卡斯特的文学功底和宽泛的视角。

《混沌:网络经济下发生的迅速改变》(*Blur: The Speed of Change in the Connected Economy*),斯坦·戴维斯(Stan Davis)、克里斯多夫·梅亚(Christopher Meyer)著。艾迪生-斯利出版社(Addison-Wesley)1998年出版。

这本书进一步探索网络经济所带来的影响。作者列出了三股改变旧秩序的主要力量:速度、无形资产和联网(这与我所说的全球化、无形资产和联网三股力量吻合)。里面有许多商业例子和更多的策略介绍。

《释放杀手级应用：占领市场的数字策略》(*Unleashing the Killer App: Digital Strategies for Market Dominance*)，拉里·多尼斯(Larry Downes)、梅振家(Chunka Mui)著。哈佛商学院出版社1998年出版。

尽管书名有点误导性，但这本书是在庆祝新经济的到来。它得出与我相似的结论，甚至有自己的新规则列表。然而，它的关注点是在新经济下如何创建服务和产品。它不像《信息规则：网络经济策略指导》那样具有系统性和完备性，但我认为它能给商业人士一个概括性的介绍。

《网络经济》(*Webonomics*)，埃文·施瓦兹著。百老汇出版社1997年出版。

施瓦兹主要聚焦怎样运用网站来建立商业这个实际问题。它关于在网页上做生意的9个法则并不包含整个新经济的全貌，但是它们指出了正确方向。如果你在运行一个商业网站，这些建议肯定有帮助。

《数字资产：因特网世界里的竞争、生存、繁荣策略》(*The Digital Estate: Strategies for Competing, Surviving, and Thriving in an Internetworked World*)，查克·马丁(Chuck Martin)著。麦格劳－希尔出版社(McGraw-Hill)1996年出版。

感受新的在线商业文化的超级书本。马丁让你从内心体验到"现实之外"及网络上存在的无比精明、超凡创新的新商业模式。他是一个极好的导游带你领略这片陌生地带，感受在线商业。

《电子商务经济学》(*The Economics of Electronic Commerce*)，安德森·温斯顿(*Andrew B. Whinston*)、戴尔·斯特尔(*Dale O. Stahl*)、崔容淳(*Soon-Yong Choi*)合著。麦克米伦技术出版社(Macmillan Technical Publishing)1997年出版。

电子商务还没有完全诞生就有了自己的教科书。这本书也是一本非常好的教科书，内容涉及经济、工程、金融和销售等多学科。除通常的论文、书目、参考文献外，本书还列出了许多相关的网站链接。对于在网上做生意来说，这本教科书比一个MBA学位更有用。

《数字经济：在网络智能时代的承诺与危险》(*The Digital Economy: Promise and Peril in the Age of Networked Intelligence*)，唐·塔普斯科特(Don Tapscott)著。麦克米伦技术出版社1996年出版。

这本书以一种无序的方式带你浏览一些网络经济的新兴趋势。里面有许多新经济的举例，但是理论分析几乎没有。总的来说，作者善于鉴别出新经济的商业趋势。

《电子商务：管理指南》(*Electronic Commerce: A Manager's Guide*)，拉维·卡拉克塔（Ravi Kalakota）和安德森·温斯顿（Andrew B. Whinston）合著。艾迪生－韦斯利出版社1997年出版。

这本书就是在那个时候及时出现，但很快过时的书之一。这里有1997年关于怎样在网站上管理电子商务的所有知识。一个中层非编程管理者应该怎样建立防火墙、安全交易、电子支付。如果作者很明智，应该定期更新这本大部头书。

《失重的世界：战略管理数字经济》(*The Weightless World: Strategies for Managing the Digital Economy*)，科伊尔（Diane Coyle）著。顶石出版社（Capstone Publishing）1997年出版。

这本书不像前面列出的许多其他书，它更关注新经济在经济层面上的影响，而不是在商业层面上的影响。科伊尔开始解决失重的信息世界需要解决的一系列问题，如社会福利、治理、政策决策。换一种说法也就是科伊尔更多地考虑新经济的不良影响。这些考虑是非常必要的。

《2.0版本：生活在数字时代的设计》(*Release 2.0: A Design for Living in the Digital Age*)，艾瑟戴森（Esther Dyson）著。百老汇出版社1997年出版。

一本非常好的初级读本，目标是向人们解释新经济和文化带来的社会影响。它涉及的点非常全面，包括隐私权、身份、交流和知识产权等。有点像对这个奇异未来世界的新生介绍会。

《网络时代：21世纪的管理原则》（ *The Age of the Network: Organizing Principles for the 21st Century* ）杰西卡·利普耐克（Jessica Lipnack）、杰弗里·斯坦普斯（Jeffrey Stamps）合著。奥利弗·赖特的出版物（Oliver Wright Publications）1994年出版。

尽管有新时代的色调，这本书作为背景资料来说很有用。它结合了对日常社交网络的理解和对电子网络的理解来提出一些关键见解，这些见解总体上是关于人际网络是如何工作的。这本书清晰地显示了人际网络的影响渐增。

《生态经济学：经济学的生态特性》（ *Bionomics: Economy as Ecosystem* ），迈克尔·罗斯查尔德（Michael Rothschild）著。霍尔特出版公司（Henry Holt and Company）1990年出版。

这本书以一种健谈的方式放大了一个基本的比喻：把经济行为生态系统化。里面的故事是关于三叶虫和细菌的，隐藏在故事背后的是非常敏锐的关于网络经济的见解。

《死亡与竞争：商业生态系统中的领导与战略》(*The Death of Competition: Leadership and Strategy in the Age of Business Ecosystems*)，詹姆斯·弗·穆尔(James F Moore)著。哈珀柯林斯出版社(HarperCollins)1996年出版。

与网络最接近的类比是生态系统。穆尔对这种生物类比的探究非常细致，或许比起《生态经济学：经济学的生态特性》也更为成功。我认为这些观点的主要部分仍然等待去开发。这本书是一个很好的开始。

《经济学：不断进化的复杂生态系统》(*The Economy as an Evolving Complex System*)菲利普·安德森(Philip W. Anderson)、肯尼斯·阿罗(Kenneth J. Arrow)、潘恩斯(David Pines)合著。艾迪生-韦斯利出版社1988年出版。

这本书出版自一个地标性的工作室，用生态学的方法来破译经济学。技术性与学术性都很强，同时也是革命性的。

《收益递增和经济学路径依赖》(*Increasing Returns and Path Dependence in the Economy*)，布莱恩·亚瑟著(W. Brain Arthur)，密歇根大学出版社1994年出版。

如果你想阅读未加工过的原创，这本论文集可以阐明收益递增的基本原理。作者就是创造这个专业术语的经济学家,至少一些论文对读者来说是可以理解的。

《赢家通吃社会》(*The Winner-Take-All Society*),罗伯特·弗兰克(Robert H Frank)、菲利浦·库克合著。企鹅出版社 1995 年出版。

自从网络经济中出现赢家通吃的元素后,这一长篇论文就常常引起争论。

《互联网经济学》(*Internet Economics*),李·麦克奈特(Lee W. McKnight)、约瑟夫·贝利(Joseph P. Bailey)联合编著。麻省理工学院出版社 1997 年出版。

这本学术精选论文集概括了网络商业带来的经济问题。这些概要中的大部分问题都是处理在分布式环境中如何给服务定价的困惑。共享连接、保险、间断连接应该怎样来定价?怎样监控流量?货币展现出什么样的形式?这些都是利用工程学的方法来解决经济学。

《距离消亡:通信革命怎样改变我们的生活》(*The Death of Distance: How the Communications Revolution Will Change Our Lives*),法兰西丝·凯恩克罗丝(Frances Cairncross)著。哈佛商学院出版社 1997 年出版。

这是本非常精准的书，但内容基本上是老生常谈式地宣布全球通信发展正在改变世界。书中的新意和观点都低于预期，但是对事实的论述比较详尽。

《自我管理经济》（The Self-Organizing Economy），保罗·克鲁格曼著。布莱克威尔出版社1996年出版。

这本书非常专业地论述了去中心化、自下而上的自我管理组织带来的一些经济现象，如城市。

《信息时代货币的未来》（The Future of Money in the Information Age），詹姆斯·多恩（James A. Dorn）编著。卡托研究所（Cato Institute）1997年出版。

货币也是一种信息，在经济中循环，和经济一样快速改变。里面的学术观点是关于货币和金融机构将怎样转型的。

《电子货币：互联网商业的新纪元》（Digital Money: The New Era of Internet Commerce），丹尼尔·林奇（Daniel Lynch）、莱斯利·伦德奎斯特（Leslie Lundquist）合著。约翰威立国际出版公司（John Wiley & Sons）1996年出版。

电子货币系统的创始者林奇从电子货币角度刻画了新经济的未来。电子货币具有流动性好，无形性等特点。未来货币的形态是一个很大、很关键、未知的问题，由于篇幅原因我把它跳过去了。这本书能很好地填补空缺。

《生存之路：计算机技术引发的全新经营革命》（*Cybercorp: The New Business Revolution*），詹姆斯·马丁（James Martin）著。Amacon 出版社 1996 年出版。

马丁是一个传奇的电信领袖，他已经写了超过 100 本书。这本书混杂了玄妙的术语、惊叹的见解、老生常谈、精妙的沉思、有趣的图表、过时的知识、精彩的统计、蹩脚的解释和澎湃的热情。他总是对的，聚焦新经济，但是读者必须自己筛选。

《主权的黄昏》（*The Twilight of Sovereignty*），沃尔特·里斯顿（Walter B. Wriston）著。斯克里布纳之子出版社（Charles Scribner's Sons）1992 年出版。

这本书 1992 年出版时具有革命性意义，虽然现在它已不如当初，但它仍为新经济的诞生提出明确的理由。里斯顿特别关注地缘政治对网络信息经济的影响。

《知识共享：新兴协作技术》(Shared Minds: New Technologies of Collaboration)，麦克尔·施拉格（Michael Schrage）著。兰登书屋1990年出版。

虽然没有明确地指明网络或网络科技，这本书写了当你运用诸如网络等工具来促进思想交汇时，会发生什么（包括工作和学习）。大部分标榜写商业组织未来的书在这点上都不如它。

《区域优势：硅谷和128号公路的文化与竞争》(Regional Advantage: Culture and Competition in Silicon Valley and Route 128)，安娜利·萨克森宁（AnnaLee Saxenian）著。哈佛大学出版社1994年出版。

与更早的书相比，这本书是一本关于硅谷网络文化成功极好的书，但是在波士顿附近显得不那么成功，对网络和高科技文化着墨也不够翔实。

《创新大爆炸》(Innovation Explosion)，詹姆斯·布赖恩·奎因(James Brian Quinn)、约旦·巴鲁克（Jordan J. Baruch）和席安(Karen Anne Zien)合著。自由出版社（The Free Press）1997年出版。

奎因和同事把创新当作知识经济中的主要动态，这方面他们做得很好。他们聚集了轶事、数据、大量要点说明为什么创新是网络经济中的关键要素。

《后资本主义社会》(*Post-Capitalistic Society*),彼得·德鲁克(Peter Drucker)著。哈伯柯林斯(HarperCollins)1993年出版。一本关于早期新经济的书,但一点也没有过时。德鲁克所写的总是值得一读的。

《无限财富:经济理论与实践炼金术》(*Unlimited Wealth: The Theory and Practice of Economic Alchemy*),保罗·皮尔泽(Paul Zane Pilzer)著。皇冠出版社(Crown Publishers)1990年出版。这是一本非主流的书,甚至有点极端。比起大部分观察者,皮尔泽很愿意思索技术增加经济繁荣的方法。他异教徒式的观点令人耳目一新。

《第三次浪潮》(*The Third Wave*),艾尔文·托夫勒著。兰登书屋1980年出版。

这本书很经典,但感觉仍然非常新颖、令人受益匪浅。比起大部分之后的同类书籍来说,20岁的托夫勒对新经济和新文化的描写更具有可读性,更符合实际。

《经济学枯木发出新芽:认识现代经济学思想》(*New Ideas from*

Dead Economists: An Introduction to Modern Economic），托德·布赫兹（Todd G. Buchholz）著。企鹅出版社1990年出版。

正如所有事物一样，大部分经济学的新观点一点也不新。这本简洁的书是汲取老辈经济学家思想的一站式服务。由于它的简明性和启发性，这本书应该放在每个网络经济学家的书库里。

网站

信息经济网（The Information Economy）

这个网站清晰明了，视角宽广，由哈尔·瓦里安运营，里面能够找到论文、未完成作品、数百个其他新经济网站链接。瓦里安也是《信息规则：网络经济策略指导》的作者之一（见上）。几乎所有跟信息或网络经济沾边的网站都能在这里找到链接。

乔治·吉尔德电信指数网（George Gilder's Telecosm Index）

在这里能够找到吉尔德关于新兴电信领域史诗般的未完成作品。吉尔德的很多思想都很有创造性，我自己的许多准则也是归功于他。留意他的新作品《电信宇宙》(*Telecosm*)，将于1998年末出版。那之前，《福布斯》上的文章是真正的金矿。

网络经济学网（The Economics of Networks）

这个网站主要致力于监测社交网络对经济的影响。里面满是古拉斯·埃克诺米迪斯（Nicholas Economides）的文章（他是网站的组织者），也有使用非常方便的参考书目和其他研究网络经济学的大师列表。